半分だけはたらく

山口 克志
Katsushi Yamaguchi

アメージング出版

「幸せですか？」

そう聞かれたら、僕は自信を持って「幸せです！」と答えます。

それぐらい、今の僕は自分の生き方に満足しています。

幸せな人生を送るには、仕事も遊びも必要。

そのために僕が出した答えが、「半分だけ働く」でした。

はじめに

いきなりですが、スローライフを取り入れた僕の現状からお話ししてみたいと思います。スローライフを送ると心と体と時間に余裕ができるんだよ、とどんなにお話ししたところで、半分も伝わらないでしょう。そのため、具体的に僕が手に入れた「幸せ」についてお話ししてみます。

僕の仕事は、整体師です。整体の仕事は1日に4時間。通常、人が8時間働くと仮定した場合、人の半分だけ働いていることになります。働く時間は半分ですが、収入は40代平均の2倍ほどで、心と体と時間にも余裕が生まれ仕事もプライベートも充実しています。

8時間労働と比べて、4時間を仕事に、残り4時間を仕事以外の好きなことに当てられるようになり、その時間で僕はイベントを企画したり、キャンプ場を作ったり、出版したりして、それがテレビやラジオ、新聞などメディアに取り上げられるようになりました。

具体例を挙げてみると、ご覧くださった方もいらっしゃるかもしれませんが、『素敵なオトナ図鑑』という子ども向けの図鑑を出版して、テレビ、ラジオ、新聞など、たくさんのメディアに取り上げられました。

また、プライベートも充実しました。

山の一部を買ってプライベートキャンプ場を作ったり、車中泊で日本一周を目指したりなど、アクティブに動けるのも、自分のために使える時間がたくさんあるからです。

仕事とプライベートの充実、まさにこれが僕の幸せです。

ここに行き着くまでは、挫折続きでした。毎日14時間労働をしていたこともあります。そのせいで体を壊したこともありますし、何より楽しくありませんでした。これらが全て僕の人生の糧となったのは確かですが、健康でいるためには、遊びも必要だと感じました。

ちなみに、僕の生家はお金持ちというわけではなく、親からもらったのはこの健康な身体のみです。これは僕にとって、どんな財産より大きな価値があるものだと思っていますし、親に対しては感謝しかありません。

「0」スタートの僕は、何をするにも後押しがなく大変なことが多いですが、全て自分が行動したことが結果となって現れるので、振り返ったときの達成感は他には代え難いものがあります。だから、人生って楽しいなと実感しています。

施術を受けてくださったお客様からは、「先生、私より長生きしてくださいね！」「いつまでもこのお店を続けてください」とうれしい言葉をいただきます。そのたび、僕を必要としてくださるお客様の体を守るためにも、まずは自分が長く健康に働けるようにしなければと考えたのが、スローライフを送るきっかけとなりました。

　そしてそのために、「時間を作る」ことを考えるようになったんです。最近流行りのFIRE（早期リタイア）にはほど遠いですが、今では贅沢をしなければやりたいことを叶えられ、充実した整体師人生を送れるようになりました。


　このように僕が充実した人生へと転換できたのは、僕が自由の利きやすいフリーランスであることが一つの理由だと思います。

　フリーランスと個人事業主は定義が異なりますが、共通する要素も多いため、この書籍内では「フリーランス」という用語を使います。


　フリーランス（個人事業主）は、「時間があればお金がなく、お金があれば時間がない」と言われることが多いですが、そこを変えたいと思っていました。そもそも、フリーランスは、自由な働き方に憧れて始めることが多いはずです。それなのに、中には会社員以上に時間に拘束され、自由な時間が少ないと感じている人も多いのではないでしょうか。それでは本末転倒ですよね。

僕の人生の目標は、「幸せな自由人」になることです。僕は心穏やかに過ごすために時間を大切にし、スローライフを送ることを重視しています。そしてそのためには、自由な働き方を実現できるフリーランスが理想的だと考えています。フリーランスであれば、自分のペースで仕事を選び、自由な時間を作ることができます。これによって、自分自身の幸福を追求しながら、充実した自由な生活を送ることができると考えています。

せっかく独立し、自分らしく働ける環境を手に入れられたのなら、「幸せな自由人」を目指しましょう！

この本では、最後の第6章にスローライフを送るにあたっての『スローライフ111の心得』をお伝えしています。「幸せな自由人」になるために、必要不可欠な心得です。さらには、ぜひ皆さんに取り組んでいただきたいワークについても第6章で触れています。それは、毎日の幸せを3つ書き出す『幸せ日記』です。心得とワークが、皆さんが今ある環境に感謝し、自分の幸せと向き合う心を持つきっかけになれば幸いです。

ブランディングがスローライフのカギ

赤裸々にお話ししますが、過去の僕は、一度は自身の整体院を潰してしまいました。そして再開した整体院も、実のところ数年ほど前までは、厳しい経営状態が続いていたんです。当時も技術や知識には自信があり、お客様にも施術効果を実感していただいていたのは確かです。しかし、そこに思わぬ落とし穴が……。身体の不調がなくなると、施術は必要じゃなくなりますよね。元気になられたお客様の来店頻度が減り、さらには新規顧客の獲得も難しく、収入が減ってしまいました。

ついには、日本公庫（日本政策金融公庫）から500万円を借りて生活を維持するのがやっとの状況に陥ります。それでも「新規顧客を増やさなければ……」と考え、新聞にチラシを入れたり、フリーペーパーに掲載したりなど、かなりの広告費を使っていました。

新規のお客様を呼び込むための大幅な割引などをして、お客様を増やし必死に働きました。

それにより、薄利多売状態で忙しくなったものの、手元には少し残るだけ。次は時間がなくなり、ただ働くだけの生活になり、状況は悪化するばかりでした。店舗と自宅の家賃やクレジットカードの支払いができなくなる事態になったこともあります。

「このままでは、借金を背負ってまた潰れてしまうかもしれない」と深刻に悩む日々が続いていました。

まさに「時間があればお金がなくて、お金があると時間がない」状態に陥りました。当時の僕は忙しいだけで、全然自由がありませんでした。「こんな生活がいつまで続くんだろう」と不安でいっぱいでした。

どうしたらいいんだろう……と苦しみ切羽詰まっていたときに、僕が選んだ方法。それは、ブランディングでした。僕はこれまで、新規顧客を探すことに必死でした。しかし、視点を変え、お客様の方から探してもらえる、「選ばれる整体院」を目指すことにしたんです。

数多くある治療院の中から選んでもらうため、「僕でなければできないこと」に特化した整体院を作り上げようと行動を起こしました。それが、今の生活や仕事スタイルを築く最初の一歩となりました。このおかげで、今では半分だけ働くスタイルを確立できました。ブランディングにより余裕ができた時間で、のんびり映画を観たり、犬と戯れたり、新しいことに挑戦したりとストレスのない充実した日々を過ごせています。

小回りの利くフリーランスは、ブランディングがしやすいんです。例えばマクドナルドが値上げをするのはニュースになるほど大ごとですが、個人営業だと料金の変更も簡単ですし、ＳＮＳなどを利用したブランディングもラクです。僕がどん底状態から迅速かつスムーズにブランディングによって成果を上げられたのも、フリーランスだったからじゃないかと思います。

次の章からは、僕がフリーランスにおすすめしたいスローライフについてお話ししていきましょう。

第1章 フリーランスとスローライフ

第2章

時間と心の余裕を作る　働き方編

第3章

時間と心の余裕を作る　健康編

第4章
幸せの定義

第5章
幸せを学ぶ

第1章

フリーランスとスローライフ

フリーランスとスローライフは相性がいい

スローライフと聞くと、ハードルが高いと感じる方も多いと思います。

田舎に引っ越して農業や自給自足をしなければいけないんじゃないか、時間に余裕のあるお金持ちや定年後の人にしかできないんじゃないか……といったイメージもあるのではないでしょうか。

もちろん、そんなことはありません。そもそも、昔の日本人はスローライフを送っていました。それが、経済の成長に伴い、時間や仕事に追われるようになっていきました。そして、十分快適に暮らせる環境が整ったはずの現代でも、日本人はさらなる快適さや効率を求めてあくせくと働いて忙しくしているという矛盾があります。皆さんが求めている「自由」は増えていますか？そうでない人も多いでしょう。

僕は決して、時代をさかのぼった昔のスローライフを送りましょうと提案しているわけではありません。快適になった現代の暮らしに合わせたスローライフを送り、ゆったりと心豊かに暮

らすことの大切さをお伝えしたいのです。

そして、それを行うには、お金持ちだったり定年後だったりする必要はありません。ここで僕がお伝えしたいのは、「誰にでもできるスローライフ」なんです。

かくいう僕も、お金持ちだとか、特殊な仕事をしているとかいうわけではありません。ごく一般的に暮らしている整体師です。

そんな僕が実践したのは、「半分だけ働く」こと。一般的な1日の仕事時間が8時間として、僕は徹底して4時間のみ働くことにしました。1日の仕事時間を人の半分にして、余裕ができた時間に好きなことをして楽しんだり、新しいことに挑戦したりと本当に充実して過ごせるようになったのです。いざというときにすぐに行動を起こす余裕もあります。スローライフは、ただ時間的な余裕ができるだけでなく、心と体にも大きな余裕を生み出すものだと実感しています。

1日1日の積み重ねによって人生が作られていくため、スローライフによって日々時間を作れるようになると、人生そのものが充実します。残業に追われる日々、お金儲けのためにあくせくする毎日、苦しい人間関係などを遠ざけ、自分らしい幸せを手にするためにも、スローライフは本当におすすめです。

僕自身、働きすぎによって心身を痛めた経験がありますし、仕事柄、痛みで悩むお客様も数多く見てきました。そして、このままではいけない、心身の健康のためにも、人生を豊かにするためにも、自分の心と体を壊すことなく仕事を続けていきたいという思いに駆られました。僕自身と、そして僕を必要としてくださるお客様のためにも、スローライフによって心身を守っていくべきだと考えたのです。皆さんにも守りたい人たちがいるはずです。大切な人たちを守るためにも、ご自身の心と体の健康を最優先にしてください。

ただ、「誰にでもできる」とは言いつつも、やはり会社員が仕事時間を減らしたり自分のペースで仕事をしたりというのは難しいでしょう。そういった方は、すぐにスローライフに切り替えるのは難しいかもしれませんが、「こんな生活の人もいるんだなぁ」という価値観を広げるために読んでいただけたら幸いです。

まずはムダな出費を減らすための固定費の見直しや断捨離をして身の回りを整理するなどを始めてみたり、フリーランスに転向する準備を始めたりなどするのも一つの方法です。

フリーランスは、最初の大きな一歩を踏み出せたら、後は少しの工夫で自由に近付くことができます。子どもがゲームにハマるのと同じように、大人がビジネスにハマり楽しむのもアリだと思います。ただ、雇われたりビジネスの規模が大きくなったりすると身動きが取りにくくなるでしょう。目まぐるしく移り変わっていく時代を生き抜くには、行動を起こしやすいフリーランスが良いと僕は考えています。

POINT

大切な人たちを守るためにも、自分の心と体の健康を最優先にしよう！

逆の視点から見る癖をつける

フリーランスの特徴は、自分で判断して行動できることです。この自由さから、世の中の当たり前に疑問を持ち、逆の視点で物事を見ることで、新しい発見ができるかもしれません。

例えば、「幸せになるためにお金が必要」と思っているかもしれませんが、実は幸せであるからお金が集まるのです。あなたも悲壮感が漂う人や愚痴ばかり言っている人に仕事を頼みたくないはずです。また、「時間がないから遊べない」と思っているかもしれませんが、実は遊ばないから時間がないのです。遊びからは多くの学びを得られ、笑顔も生まれます。「お金がないから投資(自己投資も含む)できない」と思っている人もいますね。これも実は、投資しないからお金がないのです。100円から少額でも投資は可能ですし、わからなければ YouTube などで学べます。このように、逆の視点で行動を起こした人だけが、環境に変化を起こせるのです。

健康面でも同じことが言えます。肩こりを改善するつもりでマッサージに行っても、「肩を揉むことで肩こりが悪化する」場合もあります。他にも「正座することで膝が悪くなる」と思い込

んでいる人がいますが、正座をしないから膝の痛みが回復しないのです。

結果には原因があり、原因を無視すると症状は悪化します。噂や思い込みに疑問を持ち、進化や改善を諦めずに行動することが重要です。

フリーランス同士はほぼ同じレベルで競争しているため、些細な違いが大きな結果をもたらすことがあります。フリーランスにはフリーランスの勝ち方があり、資本力のある企業と同じ手法では勝ち抜けません。そんなときに、ほんの少し視点を変えてみることで成功につながります。現代にはたくさんのチャンスがあり、行動を起こすことでそれらのチャンスをつかむことができます。

POINT

「当たり前」など存在しない。
常識を疑ってみよう！

悩む時間を手放そう

「やったことがないから……」「できるかな……」と悩む時間はとてももったいないです。その場合、考えるべきことはただ一つ。「それをできるようになりたいか？」と自問することです。やりたいけれどできない可能性に悩むぐらいなら、試してみれば良いのです。成功すればラッキーですし、できなかった場合でも、できなかった理由が明らかになります。

その経験は次につながります。ムダなことはありません。最ももったいないのは「悩んでいるだけ」で、何も得られない・生み出さない時間です。このようなムダな時間を減らすことも、スローライフを送る上でとても重要です。

一方で、そう言われてもそんな簡単に状況や環境を変えられないと思う方もいらっしゃるかもしれませんね。いえいえ、そんなことは決してありませんよ。よく考えてみてください、今の

状況を作っているのも自分なんです。多忙で自分の時間がない、仕事ばかりで遊べない、思うように働けない、そんな状況はあなた自身が作ったもの。それなら、時間に余裕のある生活を作れるのもあなた自身ですよね。

現状を本気で変えたいなら、あなたが最初の一歩を踏み出す勇気を持つだけで良いんです。スローライフを送るためには、その準備のために時間や労力は多少必要ですが、その先にはあなたの想い描く幸せや人生の喜びが待っています。

「働くこと」も「生きること」も、幸せになるための手段。今ある環境にまずは感謝し、自分が心から幸せになれる暮らしを見つけましょう。

この本では、今現在フリーランスをしている、あるいは今後フリーランス転向を考えているという人に向けたスローライフをご提案していきたいと思います。

POINT

短い人生の中で、悩んでいる時間の余裕なんてない！

僕のスローライフ

イメージしやすいよう、まずは僕の平均的な1日のスケジュールから紹介してみましょう。

仕事時間は徹底して4時間、毎日必ず昼寝もしていて、かなりゆったりとした生活スタイルになっています。徹底的に無理やムダな時間を減らし、好きなことや楽しい時間を増やす努力をしました。

この毎日のルーティンや生活スタイルを僕はとても大切にしていて、できるだけ波のない暮らしをすることで、心と体に負担をかけないようにしています。

それによって何を得たかというと、まず一番に、心身の余裕と健康です。それから、家族と過ごす時間、楽しいことをする時間。具体的にいうと、僕には妻と愛犬がいて、一緒に過ごしたり旅行に行ったりすることに幸せを感じます。その幸せの積み重ねによって、人生そのものが豊かになっていくのを実感しています。

この幸せを保つためには、先にご紹介した僕の生活スタイルが必要不可欠だと思っています。

これを保つために、僕はムダを減らし、シンプルでミニマルな生活を送ることにしたのです。

そのために、僕が意識して実践してきたのは、次のことです。

・7時間睡眠
・働きすぎない（1日4時間）
・昼寝をする
・しっかり遊ぶ
・健康的な食事をする
・丁寧に生きる
・物を増やさない
・朝晩お風呂にゆっくり浸かる
・疲れを溜めない

仕事優先ではなく、このライフスタイルを保つことを最優先にして暮らすよう心がけたのです。徹底しているのは、ストレスを作らない、手放すということ。

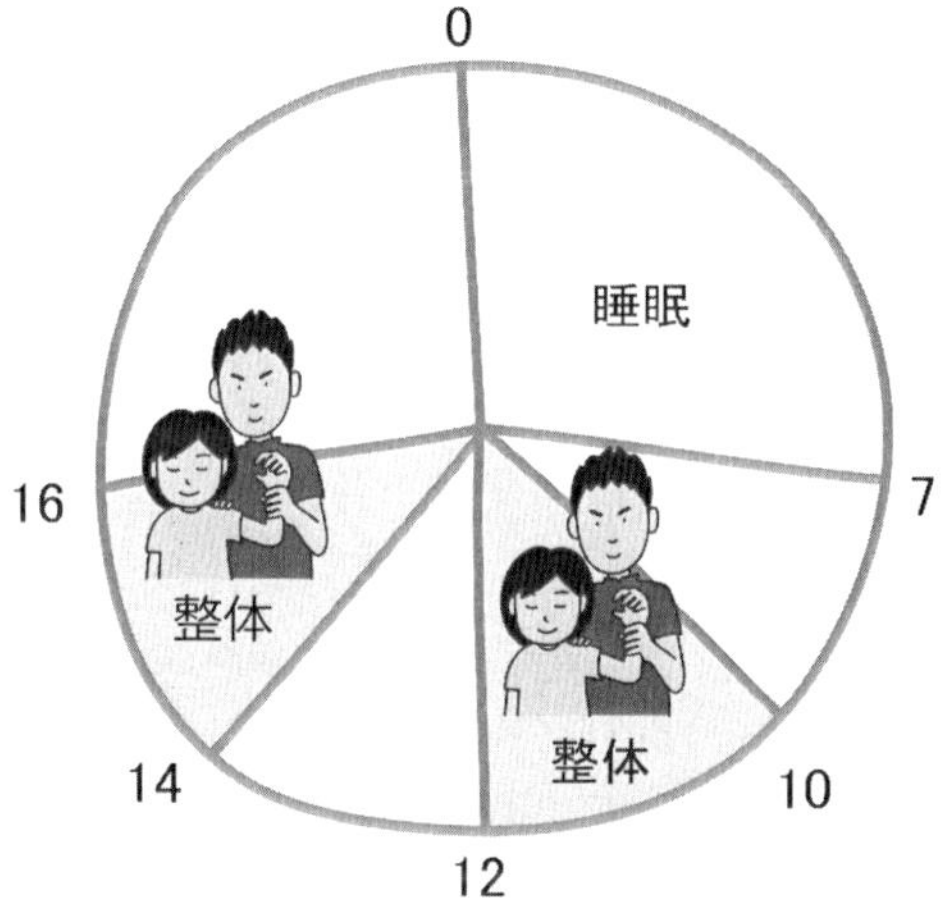

（僕の平均的な1日のスケジュール）
※整体の仕事は、6枠のうち4枠（合計4時間）しか予約を入れません。

ストレスを手放すためには、一人の時間を作ることが大事です。瞑想に近い時間で、「今起こっている問題は何か？」「それをどう解決すればよいか？」をゆっくり考えます。自分に起こる問題は自分で解決できます。解決できないとしたら、その原因は時間がないだけ。問題は放置しておくとどんどん膨らんでしまいますから、小さな問題のうちに解決しましょう。

また、掃除や断捨離も気持ちがスッとするのでおすすめです。物を選ぶ、物を探す、物が壊れる、物を修理するなど、実は、物に時間を奪われることが多いのです。物を減らすと時間が増えます。自宅や仕事場に、物が多い・いつまでも古いものがあるというのは、案外ストレスになります。まずは物を捨てることで時間を増やし、ストレスを手放しましょう。そして、脳と部屋に空白を作るのです。

例えば、思い出の品は捨てにくく、いつまでも残してしまいがちです。そういったものは、写真に撮って捨てるのがおすすめです。アルバムも場所を取りますし、データにして残す方が家族で共有もできるので、見る機会も増えると思います。それから、服は全て着てみて、気分の上がらない物は捨てましょう。気分が上がらない服に場所と時間を奪われるのはもったいないです。必要かどうかわからないものは1シーズン保管して、着なかったものを捨てます。

こうして断捨離したときに、後々捨てて後悔するものも出てくるかもしれません。後悔するものこそ、本当にあなたにとって必要なものだとわかります。こうして経験していくことで、断捨離が上手になります。

このように、ライフスタイルを守ることを優先して生活していますが、もちろん、仕事（お金）なくしては暮らしていくことができません。そこで大事なのは、単価を上げて仕事時間を減らす。つまり、人の「半分だけ働く」ことで同等の収入を得られたら、時間の余裕が生まれるという、ごくシンプルな法則です。

POINT

断捨離とブランディングで
時間を作ろう！

スローライフに向かない人とは？

準備や意識、心がけによって誰にでもスローライフは送れるものですが、向かない人がいるのも確かです。それは、物欲の多い人、派手な暮らしがしたい人、何事にも本気になれない人。スローライフは生活をミニマルにして時間を生み出すため、大金を稼ぎ出すのには不向きです。そのため、大金を稼いで高価なものや派手な暮らしを手に入れたいと望む人には合わないでしょう。数年前までの私は、そんなに余裕がない生活の中で全身を高級ブランド品でコーディネートし、いつも150万円ほどの洋服やアクセサリーで身を飾っていました。自己顕示欲を満たすため、見栄を張り続けていました。当時の私にこのスローライフの話をしても、全く興味を持たなかったと思います。このように、自己顕示欲を金銭面で満たしたい人には、スローライフは不向きでしょう。

また、スローライフを手に入れるためにはそれなりの努力も必要ですから、本気で何かを成し遂げようという強い意欲がなければ難しいです。

お金がないから忙しく働く、知識や技術をインプットする時間を持てない、価格競争に巻き込まれてあえぐ、そんな悪循環の渦中にいると、その状況から抜け出すためにはさらなる努力の上乗せが必要になるでしょう。相当な覚悟を持って抜け出す準備と努力をする必要があるため、スローライフを手に入れるのは決してラクなことではありません。そのため、目の前の自由だけを追い求める人にも不向きです。

ただ、ひとたび悪循環から抜け出すことができれば、お金と時間に余裕が生まれ、その時間に技術や知識をインプットし、人と差別化して単価を上げるといったことが可能になります。好循環に乗ってしまえば、スローライフは実現しやすいでしょう。

「土の時代が終わり、これからは風の時代だ」と耳にしたことがある人も多いのではないでしょうか？　2020年12月22日から本格的に「風の時代」が始まったと言われています。「土の時代」は、物質や財を重視した時代で、具体的にいうと固定概念、不動産、終身雇用、生命保険などの形あるものを重んじる物質主義の時代でした。目に見える資産形成に価値が置かれていた時代です。今までの実績を信用し、組織の伝統を大切にする、我慢や根性が大切とされてきた時期とも言えます。産業革命から始まり、それが行き着いたところが現代の大量生産・大量消費の世界なのです。

一方、「風の時代」は、「風」が目に見えないように、情報や知識など形のないもの、伝達や教育などが重視されます。人々は何より「知る」ことを求めていくことになると言われています。今後は、知性やコミュニケーションなど、形のないものが意味を持つようになり、想像力、思考力が重要視されたり、柔軟性が必要になったりすると言われています。

そして、自分の好きなことや、やりたいことに対して素直に行動することが大切な時代になります。風の時代は、物に縛られない生き方や型にはまらない価値観を表します。端的に言うと、「自由」で「多様性」に富んだ世の中がやってくるということ。「がんばるのはもう終わり！自分らしさを加速させよう」という考えのもとに、自分のことを大切にして、人と違うことをする勇気と思い切りの良さがポイントになる時代になってきたと言えます。

働き方も、一つの企業で生涯働くという考え方から、複業やフリーランスという働き方が増えたように、縦社会から対等な社会になりつつあります。肩書きの優劣がなくなり、フラットな関係で仕事ができるようになるでしょう。

お金に対する価値観も変わり、物の価値を重視するより、体験の価値を大切にする思考へと変化してきました。例えば、クラウドファンディングのように、たくさん稼いで貯金をすることよりも、どう使うかに注目が集まってきています。「風の時代」では、オリジナルブランドが意味を持ち、「自分にとっては、こういう理由で価値がある」と言える自由度が増します。

これまでの古い価値観がなくなり、新しい価値観が創造されやすくなってくるのです。既存の価値観を払う勇気が試されるときだと言えるでしょう。これまで通りの価値観やルールにとらわれず、「風のように」軽やかでしなやかな発想で生き方を考えていくことが必要とされます。
つまり、物質や財に重きを置く、土の時代の価値観や考え方を重視する人にはスローライフは向かず、形のないものを重視する、風の時代の思考にシフトチェンジしたい人には向いていると言えます。

POINT

物質や財、古い価値観を手放し、どんどん軽くなろう!

第2章

時間と心の余裕を作る働き方編

新しいことに挑戦したり、やりたいことに取り組んだりするためには時間が必要です。そのための時間と心の余裕を作りましょう。

そして、その時間を使って小さな目標を一つずつクリアしていくと、自分の思い描いた理想に近付いていけます。

時折振り返ってみると、自分が挑戦した結果が積み重なっているのを実感でき、自身を誇らしく思えるでしょう。成功の数ではなく、挑戦した数があなたの魅力を生み出すのです。

この章では、スローライフを送るために具体的にどのように時間や余裕を作れば良いのか、僕の例も挙げつつお伝えしていきたいと思います。

「ブランディング」と「3S営業」

単価を上げて仕事時間を減らす、シンプルなようでこれはとても難しいことです。単価を上げるには、それなりの価値をお客様に提供しなければなりません。
単価を上げるというのは、自分の価値を上げるということです。技術や知識を常に向上し続け、お客様の期待に応えること。そして、その想いや価値をしっかり伝えること。値上げすることで離れるお客様も出てくるかもしれませんが、価値を認めてくださるお客様も必ずいます。
整体を例にお伝えします。整体の施術料金を10％値上げするとします。その値上げにより10％のお客様が離れていったとしても、売り上げはほぼ変わりません（1％ダウンのみ）。そしてその代わり、なんと自分の時間は月に10時間も増やすことができます。年間でいうと、実に120時間もの時間を自分のため、心身の健康のため、スキルアップのため、新たなやりがいのためなど自由に使えるようになります。
税金などを含めると20年で30％ほど物価が上がっているという社会状況の中、自分の価値も高めて収入を増やしていくことが必要だと僕は思います。

次に大事なのは、ブランド化。

ブランディングについて書くと長くなるため、ここでは深掘りせず、あくまで僕の考え方についてお話ししていきます。

ブランドとは、簡単にお伝えすると、たくさんの人に「○○といえば○○よね！」と思い出してもらう存在になることですね。例えば、「ハンバーガーならマクドナルド」「時計といえばロレックス」といった具合です。

ブランド化できている店とできていない店の違いを簡単にお伝えすると、

・ブランド化できていない店　→　店がお客様を探す
・ブランド化できている店　→　お客様が店を探す

エルメスが、安売りしたりチラシを入れたりしないですよね。ブランド化できていると、呼び込まなくても、お客様の方からお店を探して来てくれるようになり、ムダな広告費が減ります。

・ブランド化できていない店　↓　お客様が店を選ぶ
・ブランド化できている店　↓　店がお客様を選ぶ

ちなみに僕の店は、新規のお客様は、ご紹介のみとなっています。つまり、店側がお客様を選んでいるということです。ルールを守ってもらえなかったり、いい加減なことを繰り返したりするお客様が増えると、他のお客様の迷惑になりますし、僕の気持ちにもムラが出てパフォーマンスに影響が出ますので「お客様の質」を上げることは重要です。

・ブランド化できていない店　↓　価格競争に巻き込まれ低単価
・ブランド化できている店　↓　納得できる単価で仕事ができる

電気屋さんで値切ることはあっても、エルメスで値切る人はいないでしょう。ブランド化できていると、割引や安売りをする必要はなくなります。価格で選ばれるのではなく、技術や知識で選んでいただける店になるのです。

ほんの一部をご紹介しましたが、ブランド化することには大きな価値があります。ブランド化できているかどうかで、価格だけでなく、お客様との関わり方も大きく変わってきます。

このブランド化するための活動のことを「ブランディング」といいます。フリーランスのブランディングにおいて重要になることは大きく3つあります。それは、①マインドリセット、②独自化、③セルフプロデュースです。こちらも簡単にご紹介していきます。

① マインドリセット

マインドリセットは思考の転換のことです。ここでは、「なんとなく……」「周りがそうだから……」など、誰かが決めたルールに流されないマインドを持ち、単価設定や市場設定などを行うことを意味します。

料金を下げることでお客様に来ていただくのでは、価格競争に巻き込まれてしまいます。そうならないように、ミッション（目的、使命など）を掲げることを重視するマインドになることが重要です。自分が快適に生活できる生活費から理想的な収入を考え、その収入を得るために必要な労働時間を決めることで、理想的な単価を見つけることができます。

理想の月収 ÷ 労働日数 ÷ 労働時間 ＝ 理想の時間単価

② 独自化

他社と違うジャンルのものを提供したり、他社がマネできないことを提供したりなど、独自の売りを前面に出すこと。

よく聞く差別化と独自化の違いについてご説明します。

差別化は、同じ土俵で「どう勝つか？」という考え方であり、独自化は、違う土俵に立ち「戦わないで勝つ」という考え方です。また、圧倒的な差別化は独自化に匹敵します。

独自化するためには、「専門性」と「希少性」がカギとなります。

○ 専門性

実は、この専門性はとても大切で、専門家になることで「どこに行ったらいいのか？」と迷うお客様たちに選ばれるようになります。例えば、ラーメンを食べたいとき、「ラーメンもカレーもうどんも全部得意です」というお店と「ラーメン一筋でやってます！」というお店だとどちらに行きたいですか？　「何でもできる」は実は「何の取り柄もない」と言っているようなものなんです。まずは自分の得意や評価されることを専門とし、それを言葉にして伝えることが、ブランディングの第一歩となります。

専門性が決まると、ターゲットを見つけやすくなったりもします。専門性を高めたら新規のお客様が減りそうだというイメージを持たれる方も多いのですが、全くそんなことはありません。専門性を打ち出すことで、皆さんのお店は際立ち、選ばれやすくなります。

○ 希少性

単価を上げるためには、「少ない物を高く売る」のも一つの方法です。高級車のロールスロイスがなぜ高いのかというと、工程のほとんどを手作業で時間をかけて作るため、大変希少性が高いからです。少ないながらも完璧に作り上げてその価値を高めているから、単価を上げることができるのです。

「日本人は限定に弱い」と聞いたことがありませんか？「限定100個」「シリアルナンバー」など、限定の価値は「少ない」こと。つまり、希少性には価値があるということです。

増やすのではなく、少なくすることで価値を生み出す方法があります。この方法は同時に時間を作ることにもつながります。仕事の時間幅を狭くし、そこに集中させること。その考え方を理解してくださるお客様に感謝の気持ちを持って大切にしていくこと。お客様の質を上げ、働く環境と自分のコンディションを整え、最高のパフォーマンスを発揮することが大事です。

また、『掛け算』によって希少な存在になることが可能です。一つのことを長く続けて経験年数や実績など『足し算』で信用を作ることも大切ですが、どうしても時間がかかります。そんなときは『掛け算』を意識するのが有効です。僕の場合、【整体師×姿勢の講師】【整体師×著者】という立場に立つことで、希少性を高めました。希少な存在になるために、足し算だけでなく『掛け算』を意識してみてください。

③　セルフプロデュース

どんなにいい商品であっても、知ってもらわないと存在しないのと同じです。現代は自分の想いや価値を伝えるツールがたくさんありますので、どんどん発信して自分の価値を上げていくことも重要です。

自分がお客様からどのように見られているかを知り、印象を良くするよう意識しましょう。例えば、人気のある店舗では女性の視点が重要とされています。外見をきれいに完璧にする必要はありませんが、説得力のある外見でいることを心がけてください。

健康を提供する仕事なら健康的に、笑顔を与える仕事ならあなたが最高の笑顔でいることが大切です。自分自身をプロデュースし、言動と一致させることで信頼が生まれるのです。

マインドリセット、独自化、セルフプロデュース。この3つをうまく使ってブランディングすることで、単価を上げつつ自分らしい働き方ができるようになります。

これらを踏まえて、長く・余裕を持って・快適に仕事を続けていくためには、【3S(スリーエス)営業(シンプル・スリム・スモール)】が重要です。

POINT

ブランディングで自分の価値を上げ、価格競争から抜け出そう!

3S営業

スローライフを成功させるには、シンプル・スリム・スモールの「3つのS」を取り入れた経営が重要になります。

① シンプル

商品とターゲットを絞り込むこと。商品を絞ることで仕入れロスを減らし、ターゲットを絞ることで、広告費など営業に必要な費用を減らします。全てをシンプルにすることで、会計処理の時間やムダな思考・経費を減らし、時間を増やしましょう。

② スリム

家賃などの固定費、人件費や仕入れなどの変動費を抑え、売り上げより利益率を高めることを目的にすること。「経費が減る＝利益が増える」という認識を持つことが大事です。

僕の場合、スマホを格安キャリアに変えることや、週に1度しか使わなかった車を手放すこと、電気会社やインターネット回線会社の見直し、忘れていたサブスクリプション契約の解約、そして車や健康保険の見直しを通じて、年間約70万円の経費を削減できました。

③ スモール

初期投資を抑え、ムダを削りスモールを継続させます。大きくすることを目的とするのではなく、顧客数を無理に広げず、適切なマーケット管理をすることを重視します。新規のお客様を獲得するには、既存のお客様の5倍のコストがかかると言われていますので、新規のお客様ではなく、既存のお客様を大切にするという気持ちも持ちましょう。

僕がおすすめするビジネス方法は、「ゆるく・細く・長く」を基本としているため、華やかなものでも一攫千金できるようなものでもありません。しかし、ニーズが合致する一部のお客様にとっては大変大きな価値を提供することができますから、自信を持ってすすめられます。

僕の場合は、経費を削減するため、予約も営業時間も小さく始めて、少しずつ広げていきました。空いた時間を学びやスキルアップに活かし、さらに自身の価値を高めていきます。その結果、予約が取りづらい人気店となり、本当にご満足いただける施術へとつなげていくことができるのです。

POINT

ムダが減れば、自由が増える。
どんどん軽くなろう！

8時間労働への疑問

一般的に8時間労働が取り入れられていますが、僕はまずそこに疑問を持っています。

8時間労働は人が働ける限界であり、その制度が日本の自殺率の増加と関連しているのではないかと考えているのです。

そもそも、8時間労働は、1919年に国際労働機関が採択した労働時間制限の第1号条約によって、1日8時間、1週48時間の労働時間が国際的に確立されたことで取り入れられました。当時は産業革命の途中で、労働者たちは1日10～16時間も働いていました。この制約は、「人間が一日に働ける限度が8時間である」という基準に基づいて設けられたものでした。仕事に8時間、休息に8時間、自分のやりたいことに8時間と分けるというスローガンが提唱されたのです。

つまり、「8時間は人が働ける限界の時間」なのです。しかし、現代では仕事の効率化が進んでスピードが重視されるようになりました。それにも関わらず、労働時間の制度は100年以

上前と変わっていないため、心と体を壊してしまう人が増えているのではないかと疑問を抱いています。本来なら仕事を一生懸命に頑張った後、ゆっくりと休むために効率化されたはずではなかったのでしょうか。効率化は何のために行われているのか？

それを考えるべきだと思います。

フリーランスなら時間のコントロールができます。自分の心と体を守り、幸せな人生を送るために『効率化』という呪いから抜け出したいですね。

効率化を追求することは、かえって私たちを忙しくさせ、健康を損なう可能性があります。仕事において効率化を追求し続けると、泊まりでの出張が日帰りになったり、業務量が増えたりして、ますます多忙な状態になってしまうかもしれません。このような効率化の追求は本末転倒であり、本来の目的を逸脱してしまう結果となります。

先人のおかげで日本は復興することができました。僕たちは先人に感謝し、現状に満足し、これ以上の効率化の追求をやめることが大切であると僕は考えます。

大切なことは、発展よりも安定。自分たちに必要なだけ適切に働き、家族や大切な人々との時間を作ってゆったりと過ごし、心と体の健康や幸せを創るべきだと考えます。

フリーランスや経営者は、大きなお金を稼ぎたいと望む人も多いと思います。しかし、健康でのんびりと暮らすために大金は本当に必要でしょうか？

僕自身、「年収1000万円から成功者として人生が変わる」、いわゆる1000万円の壁について憧れた時期がありました。そして、実際に30代前半でその壁に達しましたが、現実的には1000万円くらいでは何も変わりませんでした。むしろ、お金でしか評価されない自分に気付かされ虚しさが残りました。

使いきれないほど稼いで疲れるくらいなら、家族と過ごしたり、自分の楽しみの時間にしたりなど充実した時間にした方がいい。そうハッキリ気付いたのです。

「小さく動いてしっかり稼ぐ」ことがフリーランスの魅力です。フリーランスは自分自身で仕事を選び、自由に働くことができます。自分自身で舵を切ることができるなら、柔軟に働いて時間と幸せを生み出していくべきです。

まとめ

時間と余裕を作るには、「単価を上げて時間を減らす」ことが大事！　そのためにも、ブランディングをして選ばれる仕事をすること、そして「3S営業（シンプル・スリム・スモール）」によってゆるく・細く・長くビジネスを続けていくよう心がけましょう。

第3章

時間と心の余裕を作る
健康編

スローライフを送る上で、働き方と同じぐらい大事なのは、健康だと断言します。これがなければ、何をしていても楽しめませんよね。とはいえ、年齢と共に体力や筋力は衰えていくわけですから、それを補いつつどのように心身の健康を保ってスローライフを楽しむのかを掘り下げていきます。

年齢をカバーするものとは

年齢は誰しも平等に重ねていくもの。しがみつこうとしても、体力や筋力は少しずつ失われていきます。しかし、その分知識や経験は増えていきますから、そこでカバーしましょう。

フリーランスならいつまで働くかを決めることができます。適度な仕事は健康のもとです。仕事をすることで刺激を受け、頭を使い、必要とされることで生き甲斐を感じながら健康を維持できるでしょう。長く働くためには、体を壊さないように働くペースを調整し、ゆるやかに働くことが理想的です。

お金の不安は健康で解消

多くの人が老後の不安を抱えており、「老後に生活できなかったらどうしよう……」と悩んでいらっしゃることと思います。僕自身も同じです。若い頃から貯金をほとんどしてこなかったため、40歳を超えても貯金は数十万円に過ぎませんでした。

しかし、いつまで働くか、どれぐらいの貯金が必要かなどを明確にし、少しずつ貯金を増やすために年利3～5％程度の簡単な投資信託に取り組むことで、心の負担が軽くなりました。

先の不安ばかり気にして貯金に集中すると、お金は残るかもしれませんが、仕事しかしていないといった後悔も残ってしまうかもしれません。

私たちは「老後のために生きるわけではない」のです。ですから、ゆっくりと不安を解消しながら、いつまでも働ける体を維持し、楽しく健康に過ごすことを優先しましょう。

自己投資

スローライフにおいて、ムダを減らすことは大切です。

しかし、定期的な自己投資もとても重要。自己投資といっても、エステや資格取得などだけではありませんよ。旅に出ることや美味しい食事を楽しむこと、新しい挑戦に取り組むことなど、様々な経験を通じて成長することも自己投資です。

失敗を繰り返し、プライドを捨て、他人に頼りながら多くのことを学び、お金を使って様々な体験をすることも含まれます。これらは全て自己投資であり、失敗すら人間味を深め人から愛される要素となります。お金を持っているだけでなく、多くの体験を積んだ人には人としての魅力がありますよね。

今の時代、インターネットを活用して知識を学び、格安でいろんなことに取り組めます。重要なのは、できる・できないではなく、「やる・やらない」という選択肢だけがあることを認識すること。「できない」という理由は通用しないと考えるべきです。

脳を酸素で満たそう

① 脳を酸素で満たそう

心身の健康において大事なのは、脳に酸素をしっかりと送り活性化させることです。脳の重さは体重の2％程度と言われています。体重60ｋｇの人なら脳の重さは1200～1500ｇほどです。

その脳は、体が取り込む酸素のうち25％もの量を消費します。脳は多くの酸素を必要とする上、すぐに酸欠を起こしやすいです。酸素がうまく行き渡らないと脳細胞が死んでしまいます。脳に酸素をしっかりと送り込むことは、幸福度を左右すると言っても過言ではないでしょう。

② 体外酸素と体内酸素

酸素は体外酸素と体内酸素に分けられます。

体外酸素は、空気中の酸素のことで、濃度は通常21％ぐらいです。これが20％を切ると、頭

痛などの症状が出てくる人がいます。適度に換気をして、酸素濃度が下がらないようにしましょう。また、体内酸素は体に取り込まれた酸素のこと。体内（血中）酸素濃度は、96～99％程度で維持されることが理想です。しかし、酸欠体質の人は、血中酸素濃度が94～95％程度になっています。そうなると、あくびが出る、眠い、だるい・疲れやすい、集中力が続かない、目がかすむ・ぼやける、頭痛といった症状が出てきます。

また、あまり酸欠状態が長く続くと、脳梗塞や脳卒中、目の病気などの深刻な疾病のリスクも高まります。

③　酸欠改善が健康と幸せのカギ

それでは、酸欠状態にならないためにどうすれば良いのか、ここで4つご紹介します。

○　体を動かす

長い時間同じ姿勢でいると、血行が悪くなって身体を巡る酸素量が減少します。最適な血行を維持するには、小まめに立ち上がる、歩く（その場で足踏み）などして適度に体を動かしたり、ストレッチなどリラックスしてできる運動を取り入れたりすると良いでしょう。

○ 深呼吸をする

深呼吸をすると、体内に多くの酸素を効率的に取り入れることができます。ゆっくりと息を鼻から吸ってお腹をたっぷり膨らませ、またゆっくりと鼻（鼻が通りにくいときは口）から息を吐き出し、お腹をへこませていきましょう。

腹式呼吸を繰り返すと、リラクゼーションの効果もあります。

○ おすすめの腹式呼吸

鼻から４秒かけてゆっくりと息を吸い、そのまま４秒息を止める、その後４秒かけて息を吐くのを繰り返してみてください。

朝晩に加え、仕事の合間などの気分転換に、お腹までたっぷり息を吸い込む深呼吸を５回程度繰り返すと、体中に酸素が行き渡り、酸欠状態の改善を助けます。

○ 鼻呼吸と口呼吸

脳はコンピュータのようなものです。コンピュータは使っていると熱を帯びてきますよね。同じように脳も使うと熱を持つので、定期的に冷やす必要があります。その方法が、鼻呼吸です。

鼻から吸った空気は、脳を冷やしながら体内へと巡ります。脳を冷やすために鼻呼吸は必要不可欠なものなんです。

鼻呼吸では酸素の90％が脳に送られますが、口呼吸では40％ほどしか脳に届きません。そのため、口呼吸だと脳の酸欠状態を引き起こしてしまいます。口が開いた子どもが増えていますが、それは口呼吸になっていて脳が酸欠状態に陥っているんです。

子どもに限らず、マスクや花粉症などのアレルギーによって鼻呼吸ができなくなり、酸欠状態に陥り口呼吸をする人が増えています。これにより、集中力や記憶力の低下、頭痛、息切れ、疲労感、あくびなどにつながっているようです。放置すると、免疫力の低下やひどい頭痛、嘔吐にもつながるため、意識して鼻呼吸により酸素を取り込むよう注意が必要です。

酸欠状態から脱して健康と幸せを手に入れるためにも、ぜひこれら4つの方法を取り入れてみてください。

④　昼寝のすすめ

12時から15時の間に20分の仮眠（昼寝）を取ると、睡眠1時間と同等の疲労回復効果があり、仮眠後の作業効率が上がると言われています。

朝から夕方まで働いて疲れきる前に、昼に一度回復させておくことで、パフォーマンスを落とさないだけでなく、夕方の疲れが軽減されます。

昼寝の際におすすめしたいのは、タオルマクラを使用することです。タオルマクラは、バスタオルを棒状に硬く巻き、輪ゴムで留めるだけで作れます。首の下に敷き仰向けに寝ると、体が伸びて呼吸がラクになり、酸素をたくさん取り込むことができます。できれば硬い場所で寝るのが理想ですが、車などでも昼寝の効果があります。また、寝る前にコーヒーを飲むと目覚めが良くなります。

まとめ

健康はスローライフの基本！　年齢と共に衰えていく筋力体力を補うためにも、知識と経験、適度な自己投資、そして何より日々の健康管理で心の余裕と幸せを創ってください。

第 4 章

幸せの定義

「幸せを創る」ために必要なこと

フリーランスになることも、スローライフをすることも、目的は「幸せ」になることだと思います。でも、この「幸せ」について学ぶことってほとんどありません。この機会に、幸せについて一緒に考えてみましょう！

まず、幸せは「なる」「つかむ」「与えてもらう」ものではなく、「気付く」「感じる」ものだと思っています。

それでは、そもそも幸せの定義とは何でしょうか？　ある人は、大きなお金を稼いで贅沢をすることだと言うかもしれません。またある人は、趣味に打ち込んでいる時間だというかもしれませんね。人によって幸せの定義は違うと思いますが、僕の幸せの定義は、5つあります。

僕の5つの幸せの定義

① 大切に思える人（家族）がいること
② 心と体が健康でいること
③ 経済的な不安が少ないこと
④ 誰かに必要とされていること
⑤ ワクワクするものがあること

これらはあくまで僕にとっての幸せの定義であり、他の人に何ら強要するつもりも、正当化するつもりもありません。

ただ、こうした僕の幸せを求めた結果、スローライフに辿り着いたのは確かです。

大事なのは、幸せを感じる心を持つことだと思います。

幸せが目の前にあっても気付いていない人もいます。それは、大きな幸せばかりを求めすぎていたり、忙しくて幸せを感じる心を失っていたりするのかもしれません。

幸せの種類は人それぞれで良いと思いますが、ハッキリ言って、小さな幸せにも「幸せだなぁ！」と思える心を持っている人の人生が得なのは間違いありません。小さな幸せの積み重ねによって、毎日が、人生が、より充実したものに変わるのです。

幸せを感じやすい人には、特徴があります。そしてそれはマネすることが可能です。どうせなら、幸せを感じやすい人の習慣や心構えをマネして、より充実した人生を送りたいものですね。

幸せを感じやすい人の5つの習慣

① いつも笑顔でいる
② ポジティブな言葉を使う
③ 目標を決めて、楽しみながら努力している
④ 好きな人と頻繁に接している
⑤ 自分の気持ちに正直に行動している

また、幸せを感じやすい人は、幸せを創るのも上手です。幸せを創れる人の行動には5つの特徴があります。

幸せを創る人の5つの行動

① 幸せを創ることに努力を惜しまない

「自分は自分」と考え、他人と比べることがないため、嫉妬に苦しむことがありません。常に心が穏やかなので幸せを感じやすくなります。周りを思いやる余裕もあり、「周りの人たちも幸せにしたい」という想いで人と接するため、人から与えられる幸せを生み出せます。

また、できるかどうかより、楽しいかどうかで行動できます。だから、失敗しても自分を責めすぎることはなく、いつも幸せでいられるのです。

② 好きなことにお金を使う

お金はただの紙切れや硬貨で、そのものには価値はなく、楽しさやうれしさなどと交換して初めて意味があります。幸せを創る人は、そのお金の使い方が上手です。好きなことはお金を使って楽しみます。仕事でしっかりとお金を稼ぎ、そのお金を好きなことに使って、幸せを生み出す

ことができます。

③　必要以上のことはしない

お金を稼ぐために仕事をすることは大事。しかし、必要以上に時間を注いでお金を稼ぐのは、食べもしない狩りをしているようなもの。言うなれば、料理を頼みすぎて残す、食べすぎて太る、といったムダを繰り返すようなもの。必要な分だけ稼ぎ、時間を自分のために大切に使う、さらに余れば分け合う、そんなスマートな生き方をすることで、結果的に人にも幸せのお裾分けができます。

④　大切なことは、お金で比較しない

迷ったときはお金で比較せず、好き、楽しい、うれしいといった感情で判断し、選択することが大事です。

自分の気持ちに正直になるのは案外難しいこと。だけど、あなたが自分で選んで小さな成功体験を重ねていくと、自信を持って判断や選択ができるようになります。そして、好きなものに囲まれると心が満たされていきます。

⑤　箱を減らす

知らないうちに物が増えていませんか。増える理由は、収納する場所があるからです。実のところ、幸せを創れる人は、物を捨てること、残すものを選ぶことが上手です。

物を入れる箱（収納箱）、その箱を収納する箱（棚）、その箱を隠す箱（クローゼット）、その箱を守る箱（家）、これらが収納が物を増やす原因になります。

大切なのは、物を詰め込むことではなく、大切な物だけを残すこと。増えすぎると大切な物が見えなくなります。

そして、それは人も同じです。多くの人より大切な人とのつながりを優先すると良いでしょう。増えすぎると大切なものが見えなくなりますから、人も物も抱え込まないことが大事です。余計なことで場所や時間を取られず、本当に必要なものにスペースを作るようにしましょう。

POINT

幸せの近道は「5つの習慣」と「5つの行動」。
どんどんマネをしていこう！

第5章

幸せを学ぶ

幸せへの道

人生は案外短いものです。

その人生を心から幸せに生きるためには、ムダを減らし、その分自らの手で幸せを創り上げることが大切です。ムダな人間関係や人への依存を手放し、時間の制約、収入の制限など、幸せを感じるための障壁を取り除いていきましょう。

そうすると、余白が生まれます。余白を持つと、次の楽しみや喜びを見つける余地が生まれます。そうした余白や余地があれば、幸せになるための習慣を身につけられるようになります。

また、自分の理想を叶えるためには、自身で選択し、努力を重ねることも必要です。まずは小さな幸せや目標を設定し、それに向かって少しずつ叶えていってください。「叶う」ことを体感することで、幸せや達成感を実感できます。

ここで大事なのは、小さな幸せを大切にすること。時に、多くの物や情報が小さな幸せを感じる感度を鈍らせることもあります。幸せの感度が鈍ると、小さな幸せに気付くことが難しくなりますから気を付けましょう。

そして、幸せを感じるために最優先すべきは、やはり健康です。長期的に健康を保ちながら、自由に時間をコントロールして生活できるのが理想的です。フリーランスであれば、工夫次第でその理想的な生活を手に入れられるでしょう。健康な身体と自由な時間を使って、楽しい体験や喜びを追求し、自ら幸せを創り上げることが大切です。そのために自ら行動して幸せを実現してくださいね。

ゴールを「幸せ」に設定する

人生のゴールは「幸せ」だと思います。

幸せになるためには、ゴールを「幸せ」に設定することが重要です。勉強ができることや高学歴であること、そして大きな会社に入ってお金を稼ぐことだけが幸せではありません。高学歴ニートが多い理由は、ゴール設定を間違えたからではないでしょうか。高学歴で良い会社に入ったのに幸せを感じられなかったため失望したのではないかと思います。学歴は確かに良い会社に入るための手段ではありますが、良い会社に入っても幸せになれるとは限りません。自分にとっての幸せが何なのかに気付かないまま、ひたすら学歴や良い会社を追い求めても、失望が待っているだけです。幸せになるためには、「幸せになるための勉強」が必要なのです。

「自分にとっての幸せとは何か」を考えることがまず何より重要です。大きな幸せを求める場合は大きな努力が必要ですが、小さな幸せならすぐに実現できるでしょう。

学歴がなくても、幸せの勉強をすることで幸せになれます。学歴がないから、勉強が苦手だ

からとあきらめる必要は何らありません。

仕事も同様です。 例えば、美味しいラーメン屋さんなのに閉店してしまうことがありますよね。それは、ラーメンの味だけを追求していて、売る勉強をしていなかったからかもしれません。それと同じで、幸せになるためには、幸せの勉強をする必要があるんです。心配しなくても、幸せの勉強はいつからでもできますから、いつからでも幸せになれるんですよ！

幸せは自分で創る

幸せになるためには、「幸せを自分で創る」ということを意識してください。それでは、具体的にどうすれば良いのかご紹介していきます。

皆さんは、「幸せホルモン」という言葉を聞いたことがあるかと思います。幸せを感じるには、3つの幸せホルモンを分泌させる行動をすることが大事なんです。どんなに幸せが目の前にあっても、それを幸せと感じる心と体がなければ意味がありませんよね。つまり、「幸せになる」のではなく「幸せを感じる」人間になることが必要です。

一言に幸せホルモンと言っても、自分の心を満たしていくには優先順位があります。この3つの幸せホルモンをコントロールし、「幸せだと感じられる」人生を送りましょう。

そもそも「幸せ」とは、「喜び」「楽しい」「幸福感」。不平や不満がなく、満ち足りている様子を意味します。「happiness（ハピネス）」と表現される場合が多いですが、ハピネスは短期間の幸

せ（美味しい、楽しいなど）を表します。僕がお伝えしたい理想の幸せは「well being（ウェルビーング）」、つまり持続性がある幸せ（穏やか、安定など）の方です。

この「well being（ウェルビーング）」を生み出し、幸せを実感するための具体的な方法を次にご紹介します。

3つの幸せホルモン

幸せホルモンは、ドーパミン・セロトニン・オキシトシンの3つがあります。
この幸せホルモンを分泌させるには、優先順位があります。
まずは、それぞれのホルモンについてご紹介します。

① ドーパミン（成功の幸せ）

ドーパミンは快楽物質とも呼ばれていて、目標達成した快感、成功の高揚、褒められた時や報酬を得たときに分泌されるホルモン。

やる気は、脳の「側坐核（そくざかく）」からドーパミンが分泌される状態。このドーパミンが放出されて快感を得ると、脳がそれを学習し、再びその行為をしたくなります。過剰に分泌されれ

ドーパミン

ると依存を生むことがあり、ギャンブルやアルコール、買い物などに依存したり中毒になったりすることがあります。

ドーパミン的幸福は、セロトニンやオキシトシンによる幸福が土台となっていることが重要です。ドーパミンが不足すると「やる気が起きない」「作業能率の低下」「無関心・無感動」などを引き起こし、幸福感の低下につながります。

○ ドーパミンの効果

やる気が出る。ポジティブになる。

最初にドーパミン的幸福だけを追いかけてしまうと、仕事に依存し目標を達成したとしても、健康を害したり、家庭崩壊になったりしてしまうことがあります。

○ ドーパミンを分泌させる方法

達成できる目標を立てる
新しいことをすると脳は活性化し、達成しやすい目標を立て、達成できた自分を褒めることで、ドーパミンが分泌されます。

自分にご褒美をあげる

報酬への期待を感じて動くときは、ドーパミンが大量に分泌されるそうです。側坐核は体を動かすなど、行動によって分泌されます。逆に活動していないときには分泌されませんので、やる気を出したいと思ったら、まず動くことが重要です。

音楽を聴きながら作業する

好きな音楽を聴いているときにドーパミンが分泌されます。好きな音楽を聴きながら行動することで、ドーパミンはより活性化しますが、好みではない音楽を聴いてもドーパミンは分泌されないようです。

タンパク質を摂取する

ドーパミンを分泌させるためのチロシンが必要ですので、大豆食品などタンパク質が豊富な食べ物を摂取すると、肉体的、精神的な疲れを軽減でき、ドーパミンが分泌されやすくなります。

瞑想する

1日数分間ボーッとすることで、ストレスによるダメージから脳が回復し「脳の疲労」を解消できます。

② セロトニン（健康の幸せ）

「体調がいい」「気分がいい」など、心と体が健康な状態で分泌されるホルモン。

このホルモンが分泌されると、ポジティブで活動的になり、アンチエイジングを高める効果もあります。

セロトニンには、恐怖や快楽に関連する神経伝達物質を制御し、精神状態を安定にする働きがあります。大脳基底核や延髄の縫線核、視床下部などに存在していますが、およそ90％は、「第二の脳」とも呼ばれている腸内で生成されています。

セロトニンは、姿勢筋に働きかけるので、姿勢にも大きな影響があります。セロトニンが不足すると、背中が丸まったりどんよりした表情になったりしてしまいます。そして、セロトニンには痛みの感覚を抑制する働きがあるので、不足すると痛みを感じやすくなります。

セロトニン

○ セロトニンの効果

精神が安定して幸福感を得やすくなる。姿勢が良くなる。ポジティブになる。食べすぎの抑制効果。快眠が得られる。

○ セロトニンを分泌させる方法

食事で調整する

セロトニンは、必須アミノ酸であるトリプトファンというタンパク質とビタミンB6、マグネシウム、亜鉛などから合成されます。赤身肉、鶏肉、卵、ナッツ類(カシューナッツ、ピスタチオ、ピーナッツ、アーモンド、クルミ)などがおすすめの食べ物です。僕も毎日おやつにナッツ類を食べています。また、しっかり噛んで食べると、セロトニンが活発になります。

適度な運動

毎日15〜30分程度の軽い運動をすることで、セロトニンの分泌を活発にできます。ゆったり一定のリズムで運動することで、セロトニンが分泌されやすくなります。

朝日を浴びる

セロトニンは、朝日を浴びることで分泌が促されます。そのため、起床したらカーテンを開け、しっかり日差しを浴びて脳を起こしましょう。目覚めが悪くいつまでも頭がボーッとしている人は、セロトニンが不足している可能性があります。

③ オキシトシン（つながる幸せ）

家族や友人、恋人と過ごすことで感じる幸せホルモンです。脳内の視床下部で作られ、脳下垂体から分泌されます。愛情ホルモンとも呼ばれ、ストレスを軽減し、不安や心配を和らげる働きがあります。オキシトシンの分泌によって、脳は落ち着きを取り戻し、疲れを癒やし、気分を安定させる効果があります。

オキシトシン

○ オキシトシンの効果

ストレスを軽減。相手への信頼度合いが高くなる。

副作用として、人に騙されやすくなったり敵とみなした対象への攻撃性が強くなったりすることもあります。

○　オキシトシンを分泌させる方法

スキンシップを図る

家族やペット、パートナーなどとのスキンシップはオキシトシンが分泌されます。

タッチケア

家族やペット以外でも、マッサージなどでも分泌が促進されるといいます。

親切にする

人に親切にすることによっても、オキシトシンが分泌されます。良い行ないをした後にすがすがしく感じるのは、オキシトシンによって幸福感がもたらされるためです。

グルーミング

人が一箇所に集まってコミュニケーションを楽しむことグルーミングといいます。コミュニケーションを通してオキシトシンの分泌が促されます。

また、オキシトシンが十分に分泌されているとセロトニンの分泌も増えて、相互作用によりストレス緩和につながります。愛情や人とのつながりなどがあることで精神が安定します。

セロトニンが不足するとドーパミンが制御できなくなり、精神状態が不安定になります。

④「3つの幸福」の優先順位

幸せホルモンとはいえ、ドーパミンは依存性が強いなどの特徴がありますので、この3つの幸せホルモンの分泌には優先順位があります。幸せを感じにくい人や、自分の環境が悪化している人は、この順番を間違えているのかもしれません。

・お金を稼ぐことや事業の成功を収めるなどして、ドーパミンを分泌
・心と体の健康を保ち、セロトニンを分泌
・家族や仲間を大切にし、オキシトシンを分泌

この順序で幸せホルモンを満たそうとすると、幸せを感じにくくなります。「お金があれば幸

せになれる」という考えに固執して先にお金や成功を追求することで、仕事やお金に依存し失敗する人が多いようです。

幸福感を実現する正しい順序は、以下の通りです。

①セロトニン→②オキシトシン→③ドーパミン

この順番で取り組むことが重要です。

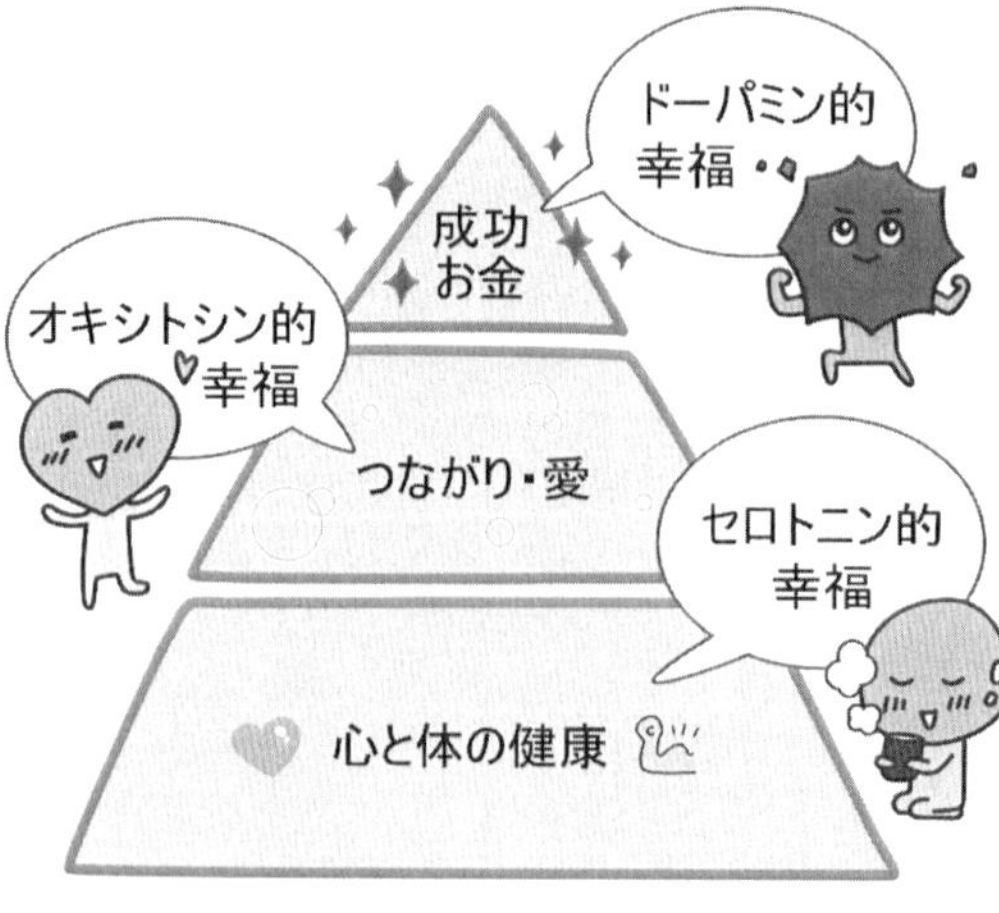

STEP1

自分自身の心と体の健康を大切にする（セロトニン）

1．太陽の下で15分程度歩くことで脳をリフレッシュさせる
2．普段は鼻呼吸をして、脳に十分な酸素を送る
3．夜は仰向けになり、手のひらを天井に向け、つま先を45度以上開いて寝る（寝はじめだけでOK）
4．食事には体を温める効果のある汁物を用意し、摂りにくい食材や野菜（キノコ類、ワカメ、ゴマ、じゃこなど）をたくさん摂る

これらの方法を実践することで、自身の心と体の健康を促進することができます。

STEP2

家族と近くの大切な人たちを大切にする（オキシトシン）

1．家族を優先し、彼らが何に困っているのか、何を求めているのか、何に喜ぶのかを尋ねる
2．自分の意見ではなく相手の求めることに応え、家族を笑顔にする

3．大切な人たちにも同じアプローチをする

STEP3

理想を叶える（ドーパミン）

1．小さな目標と大きな目標を設定し、行動して成功を目指す

2．成功を手に入れたら、自分、家族、そして仲間に還元し、幸せの輪を広げる

この3つのステップを守って、自分を中心とした小さな範囲から幸せを広げることが重要です。

「まずは自分を大切にし、家族を大切にして、仕事をがんばる」ということは当たり前のことかもしれませんが、実際にそれを実践している人は少ないように感じます。多くの人が「健康が1番だ」と言いますが、本当に健康に気を使っている人はごく一部でしょう。知っているのとやっているのとでは大きな違いがあります。外に目を向ける前に、まずは自分自身と身近な人々の幸福を追求しましょう。

POINT

**優先順位に従って
3つの幸せホルモンを満たそう!**

「すごい人」にならなくても幸せになれる

時間やお金、人などに依存すると、人は正しい判断ができなくなります。それらの依存を手放すことで、日々の小さな幸せに気付ける人になります。すごい才能があったりすごくお金持ちだったりしなくても、幸せになる方法はいくらでもあります。

先にもお伝えしたように、フリーランスであれば専門性を持ち、独自化し、ニッチな層にアプローチするだけで売り上げが取れるようになりますから、人やお金に追われたり競い合ったりすることなく幸せになる方法を見つけやすいでしょう。

例えば、僕の生活スケジュールと活動が、幸せホルモン（セロトニン、オキシトシン、ドーパミン）の分泌を促していることを説明します。

朝は、目覚まし時計をかけることは稀で、毎朝7時頃に自然に目が覚めます。「今日も元気に

起きられた！」と実感することで、セロトニンが分泌されます。その後、簡単な身支度をして近くの小学校で「あいさつ運動」を行います。行き帰りには「ゴミ拾い」を行っており、この活動によって朝日を浴びて軽い運動をすることができます。その結果、セロトニンが分泌されます。

また、子どもたちとのあいさつやハイタッチによって元気をもらいオキシトシンが分泌されますし、時折「ごくろうさまです！」「ありがとうございます！」と声をかけられたり感謝されたりすることで、ドーパミンも分泌されます。

その後、自宅に戻ると拾ってきたゴミの分別を行いながら玄関掃除をします。ゴミ捨ての日には、自宅のゴミを捨てに行きます。それから、コーヒーを飲みながら1時間ほど朝風呂に入ります。この時間は瞑想の時間となり、思考を整えることができます。その結果、セロトニンやドーパミンが分泌され、心と体が整った状態で仕事に就くことができます。

仕事では、お客様の痛みやメンテナンスを行い、喜んでいただけることによってもドーパミンが分泌されます。昼食はいつも同じ物（豚汁とナッツ）を食べ、愛犬たちと昼寝をすることで、さらにオキシトシンが大量に分泌されます。昼寝のおかげでコンディションも整い、午後からの仕事も快適に取り組むことができます。

連続した施術は2時間までに制限し、疲れてパフォーマンスが落ちないように気を配っています。休憩時間には掃除や洗濯物のたたみ、昼食の洗い物や夕食の準備（食材を切り分ける）を行います。時間があれば2度目の昼寝も取ることがあります。

妻が帰宅後に料理をしてくれて、一緒に食事を済ませることができます。また、愛犬たちの食事や歯磨きなどの世話をすることで、家族との時間を大切にしています。このような時間を共有することで、オキシトシンが十分に分泌されていると思われます。

このような日々の生活スケジュールによって、セロトニン、オキシトシン、ドーパミンの分泌を促し、心と体を整えながら充実した日々を過ごしています。

僕の家事は地味な作業が多いですが、誰に急かされることもなくのんびりと楽しんでいて、丁寧に生きていると感じることができます。

そんなスローライフを送る僕の妻にも、好きなことをしてもらえるよう応援しています。妻は大学の期間社員として働いており、大きなイベントの担当など楽しい仕事に携わっています。たまに30分〜1時間の残業や1〜3日間の東京出張もありますが、「妻がしたいことをすればいい」と思っていて、僕は家事の半分以上を引き受けることで妻のために時間を作っています。

今後妻がフリーランスになると決めたときには、一緒にスローライフを送りたいと思います。自分も妻もいつも笑顔でいられるよう、それぞれのやり方で家族や家庭を支えていきたいと考えています。決して「すごいこと」をしているわけではありませんが、そうした日々の幸せに気付けること、幸せを感じる心と体があることこそ、何よりの幸せだと思っています。

幸せを構成する8つの要素

まずは小さな範囲から幸せを創り、次の8つのバランスを整えることを目指しましょう。

健康

心と体の健康です。1番優先されるものでありながら、疎かにされがちなのが健康。何よりこれを優先することが大事。

人間関係

家族、友人、パートナーなどすべての人間関係です。人は1人では幸せにはなれません。近い人ほど大切にすること。

自己成長

目標を立て、達成に向けて努力すること。この学びが達成に結びついたときにも、大きな幸せを実感できます。

仕事

全ての仕事は、誰かの役に立っています。仕事にやり甲斐を持ち、自分の思い描くキャリアプランを叶えましょう。

経済

自分の収入や資産は、平均と比較するのではなく、自分の人生設計に基づいて増やしていくことが重要です。

環境

家や仕事場など、自身が時間を過ごす空間に対する満足度を上げましょう。

自由な時間

遊んだり、趣味に没頭したりなど、自分が自由にできる時間を作りましょう。

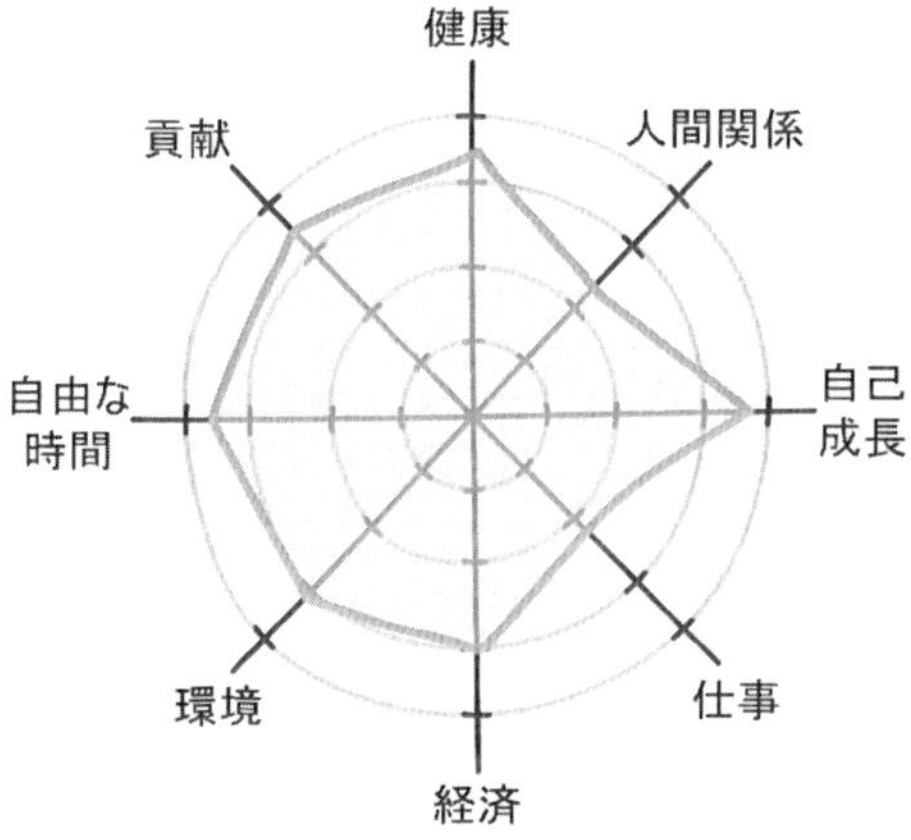

貢献
金銭的な貢献、労働での貢献など、他者への貢献も心を満たしてくれるものの一つです。

この8つの要素を満たしていくことが理想ですが、その順番を守ることが大事です。「健康」から時計回りの順番に満たしていってください。

なぜなら、たとえ他の要素を満たしたとしても、健康を失うと全ての要素を失ってしまうからです。そのため、健康を第一に満たしてから、「人間関係」という順番になります。

僕自身は、以前は自分や家族よりも外側の人にばかり気を遣ってしまい、自分を大切にすることができていませんでした。しかし、自分を大切にしない人は家族や周りの人を大切にすることもできないと気付かされたんです。それからは、自分自身を徹底的に大切にするようになり、幸せホルモンを優先順位通りに満たしています。

POINT

幸せを構成する8つの要素も、順番通りバランス良く満たしていこう!

幸せの国5つの共通点

幸せは世界中の人が望むことだと思い、世界の幸せについて調べてみました。

まずここで一つ残念な事実をお伝えすると、日本における自殺者数は増加傾向にあり、若者の自殺率も非常に高くなっています。令和4年では自殺者総数が2万1881人で、前年比で874人(4・2%)増加しました。15～39歳の若者の死因の第1位も自殺で、特に小中高生の自殺者数は514人と最多となりました。先進国の集まりであるG7の中でも、若者の死因第1位が「自殺」となっているのは日本だけです。このような自殺者の多い国と幸せの国との違いについて理解することで、自殺率の低下と社会全体の幸福度の向上につながればと思います。

2020～2022年の世界の幸せ度ランキングでは、日本は47位。上位の国の特徴と日本との違いをまとめてみました。

1位　フィンランド

フィンランドの面積は日本とほぼ同じくらいで、人口は1／20程度です。自然が豊かで、安全性と安心感が高く、水が豊富である点も日本と似ています。心穏やかに暮らすことが重視され、休暇制度の充実や柔軟な働き方などストレスの少ない生き方が奨励されています。

2位　デンマーク

デンマークは九州くらいの大きさの国で、税金が高く、年収の50％が税金として徴収される一方で、社会制度が充実し政治や社会への信頼感が高いのが特徴です。「ヒュッゲ（Hygge）」という、心地良い空間や時間を大切にすることを意味する言葉が重要視されており、居心地の良さを追求し、幸福を感じる生活が奨励されています。

3位　アイスランド

アイスランドは生活費が高い国として知られています。それにも関わらず、国民の3／4が「人生が満たされている」と感じているのは、自己の生き方や働き方を選ぶことが尊重されているからでしょう。「人生の選択の自由」「他者への寛容さ」が重要な価値観とされています。自然が豊かでこの風土と自由な生活スタイルが幸福度を高めています。

これらの国々は、自然や生活の質を重視し、自己の選択の自由を大切にすることで幸福な生活を実現しています。

幸せの国5つの共通点

1. 労働時間が短く、残業やストレスが少ない
2. 家族や自然との時間を大切にする
3. 物に執着しないで、目の前の時間や生活を大切にする
4. 子どもの自立や個性、選択の自由を尊重する社会
5. 税金は高いものの、医療費・教育費・出産費用など社会保障が充実

幸せの国と聞くと、国土の広さや経済の発展などを思い浮かべていましたが、実際に幸福度が高い国々は、日本と同等か小さな国々が多く、経済的な発展だけが幸せのカギではないことが分かりました。

そして今僕が心配するのは、日本が幸せな国々と同じ方向を向いていないことです。現在の日本では、目に見える物質的なものに焦点が当てられ、忙しい生活が送られています。しかし、幸せな国々の人たちは、自己や大切な人々との時間を優先し、心穏やかに生活しています。

僕は日本人として、この国に生まれたことを誇りに思っており、いつかは日本も「幸せの国」と呼ばれることを願っています。日本が幸せの国になるためには、個々が自己の幸福を追求し、心穏やかに生活できる社会を築くことが必要不可欠だととらえています。

その先頭に、方向転換がしやすいフリーランスがいると思います。この本を通して、幸せと感じる人が増え、日本における幸福度向上に貢献できることを願っています。

まとめ

・幸せになるための勉強をする
・ゴールを『幸せ』に設定する
・幸せは自分で創るものと意識する
・3つの幸せホルモンを優先順位を守って分泌させる

幸せの定義は人それぞれです。自分なりの幸せの定義をぜひ見つけてください。

第 6 章

『スローライフ111の心得』

と

WORK『幸せ日記』

スローライフを送るにあたり、心得ておくべきことがあります。ただラクに、ただ自由に生きることがスローライフではありません。スローライフによって幸せを得るには、日々の心がけが大事なのです。一つ言えるのは、今ある幸せに感謝できなければ、新たな幸せを生み出すことはできないということ。

ここでは、あなたに一つのワークを、111日間やっていただきます。大丈夫、難しいことではありません！　それは、今日幸せだなと感じたことを、3つ書き出すことです。いわば、『幸せ日記』です。このワークは、ただ書き出すだけでなく、折に触れ読み返してほしいのです。

そうすることで、今すでにあなたが持っている幸せに改めて気付くことができ、今の環境に感謝できるようになるでしょう。

これは簡単なワークではありますが、とても大事なことですので、ぜひほんの数分の時間を毎日、このワークに割いてみてください。

これを111日間続けられたあなたは、スローライフによってこれまで得られなかった大きな幸せを手に入れられる人です。

この章では、僕がみなさんにぜひお伝えしたいスローライフ111の心得を綴っていきますので、ワークの参考にしていただけたら幸いです。

1　人生はあなたが主役の物語

無意識に何かに縛られ、自分の人生を自分の意思で生きられていない人が多い。自分の人生を送るのに、誰にも遠慮はいらない。

人生の主役はあなた。

誰と出逢い、どんな人生を歩んでいくのか、全部自分で決めていい。自分自身で人生をコントロールして、自分の想い描く人生を送ろう！

WORK

今日、「幸せだな」と感じたことは何ですか？
3つ書き出してください。

1.

2.

3.

2　今を楽しむことに集中しよう

過去も未来も「今」次第。

過去のせいにするのは今が楽しくないから。

今が楽しければ、つらい過去も「過去のおかげ」だと思えるし、未来も楽しみに変わる。

全力で今を楽しむこと。

今日も思いきり楽しもう！

WORK

**今日、「幸せだな」と感じたことは何ですか？

3つ書き出してください。**

1.
2.
3.

3　まずは自分を満たす

人に優しくするためには、まず自分が満たされている状態であること。一番よくわかっている「自分」のことも幸せにできず、他人を幸せにできるはずがない。自分を大切にしない人は、人からも大切にされない。

まずは自分をしっかり満たし、幸せになること。そして自分の近くにいる人たち、さらに外の人たちへと、少しずつ幸せの輪を広げていこう！

WORK

今日、「幸せだな」と感じたことは何ですか？
3つ書き出してください。

1.
2.
3.

4 Time is Life

時間は命。

何をしていても時間は過ぎていく。

限りある時間をムダにせず大切に使おう。

今、あなたがしている行動は、あなたの思う『幸せにつながっているか？』を考え行動しよう！

WORK

今日、「幸せだな」と感じたことは何ですか？

3つ書き出してください。

1.
2.
3.

5　幸せの定義を決める

幸せの基準は、人によって違う。
どんなときに、誰と、どこで、何をしているときに心が満たされるのか？
まずは『幸せの定義』を決めよう！

WORK

今日、「幸せだな」と感じたことは何ですか？
3つ書き出してください。

1.
2.
3.

6　笑顔は最強の武器

素敵な笑顔の人は、それだけ笑ってきた人。笑顔は、誰にでも手に入れられる最強の武器。

笑顔で過ごすと自然と笑顔が広がり、笑顔が続く人生になる。できるだけ早く、最強の武器を手に入れよう！

WORK

今日、「幸せだな」と感じたことは何ですか？
3つ書き出してください。

1.
2.
3.

7 ゴールから決める

何事を行うにもまず、ゴールから決めよう。

ゴールがあるから、方向が決まり、距離がつかめる。ゴールを決めない行動は、ただの「迷子」。「迷子」の状態が続くと、疲れてやめてしまう。

ゴールに向かって行動すると、やがてたどり着けるよ！

WORK

今日、「幸せだな」と感じたことは何ですか？
3つ書き出してください。

1.
2.
3.

8 過信と不信

「何でもできる！」「何もできない……」どちらかに偏ると危険。

常に反対側も受け入れて行動することでバランスが取れる。

「やればできるけど、やらないとできない」シンプルにこれ！

WORK

今日、「幸せだな」と感じたことは何ですか？
3つ書き出してください。

1.
2.
3.

9　表裏一体を受け入れる

物事には裏表があり、切り離すことはできない。

「いいこと」の裏には必ず「悪いこと」がある。片方を受け取ると、もう片方もついてくる。

表と裏、光と影、どちらも受け取る覚悟が必要。

最高と最悪の両方を想定しておけば、成功したらラッキーだし、失敗しても傷は浅くて済むよね！

WORK

今日、「幸せだな」と感じたことは何ですか？

3つ書き出してください。

1.
2.
3.

10　行動から答えを見つける

悩んでいるだけでは答えは出ない。時間をムダにしてしまうだけ。
だから悩まず、行動して答えを出すことが大事。
行動から出た答えを積み重ねていくことで、決断が楽になりゴールに近づくよ！

WORK

今日、「幸せだな」と感じたことは何ですか？
3つ書き出してください。

1.
2.
3.

11　悩みは理想と現実のギャップ

理想と現実との間にギャップがあるから、自信を無くして悩んでしまう。理想が高くなりすぎていないか？

ムダな理想を掲げていないか？

ギャップに苦しめられないように、ときどき理想を確認しよう！

WORK

今日、「幸せだな」と感じたことは何ですか？
3つ書き出してください。

1.
2.
3.

12　全てに波がある

人生には、いいときと悪いとき、常に浮き沈みがある。沈んだ波の一部だけを切り取って苦しまない。

振り返れば、これまでも苦しいときはあったはず。その苦しみ、悲しみを乗り越えたから今がある。逃げずに受け入れることで、また乗り越えられるよ！

WORK

今日、「幸せだな」と感じたことは何ですか？
3つ書き出してください。

1.
2.
3.

13　ときには振り返る

世の中、上には上がたくさんいる。
上ばかりを目指して追いかけるのは、とても疲れる。たまに後ろを振り返ろう。
そして、今日までがんばってきた自分を褒めてあげよう！

【WORK】

今日、「幸せだな」と感じたことは何ですか？
3つ書き出してください。

1.
2.
3.

14　近くの人に愛されよう

近くで本当のあなたを見ている人に評価される人間になろう。外からの評価ではなく、内からの評価を得よう。

まずは、家族に愛される人になろう！

WORK

今日、「幸せだな」と感じたことは何ですか？
3つ書き出してください。

1.
2.
3.

15 失敗を繰り返す理由

同じ失敗を繰り返すのは、意味があるから。

あなたにとって乗り越える必要がある課題は、逃げても逃げても追いかけてくる。乗り越えられる課題だから、追いかけてくる。

同じ失敗を繰り返したときは、逃げずに向き合い、乗り越えよう！

WORK

今日、「幸せだな」と感じたことは何ですか？

3つ書き出してください。

1.
2.
3.

16　楽しむ経験

「時間ができたら」「お金ができたら」と、楽しむことを後回しにすると、楽しみ方がわからなくなってしまうよ。

だから、今のうちからしっかり楽しむ経験をしよう！

WORK

今日、「幸せだな」と感じたことは何ですか？
3つ書き出してください。

1.
2.
3.

17　優先順位を決める

大切にする人の範囲と優先順位を決める。
外側に目が向きがちだけど、内側の大切な人を見失わないこと。
まずは、自分が大切にできる範囲の人を大切にして、少しずつ外側に広げていこう！

WORK

今日、「幸せだな」と感じたことは何ですか？
3つ書き出してください。

1.

2.

3.

18　失敗から学ぶ

失敗なんてない。

失敗は大切な「経験」だから。

この経験から学ぶことは多く、ムダになるものはない。

「成功はラッキー、失敗は経験」。

失敗がないなら、やらない理由はないよね！

WORK

今日、「幸せだな」と感じたことは何ですか？

3つ書き出してください。

1.
2.
3.

19　バカになろう

バカになって、知らないことは知らないと言う。わからないことはわからないと素直に伝える。

みんなバカには優しく、バカには何でも教えてくれる。見栄を張れば張るほど、その機会を失う。

だからバカになって、学び、成長しよう！

WORK

今日、「幸せだな」と感じたことは何ですか？
3つ書き出してください。

1.

2.

3.

20　一つを尖らせろ

何でもできるは、何もできないのと同じ。
一つを尖らせないと、誰の心にも刺さらない。たった一つで構わない。
まずは何か一つを尖らせて突き抜けろ。
一つをしっかり尖らせたら、その尖りに信用が集まるよ！

WORK

今日、「幸せだな」と感じたことは何ですか？
3つ書き出してください。

1.
2.
3.

21　丁寧に生きる

急ぐと雑になる。

しっかりと心と体の声を聴きながら、一生を、一日一日を、一つひとつを丁寧に生きる。

バランスのいい食事で体を作り、睡眠で体を回復させる。


丁寧に生きて、健康な心と体を維持しよう！

WORK

今日、「幸せだな」と感じたことは何ですか？

3つ書き出してください。

1.
2.
3.

22　幸せは気付くもの

幸せは「なる」「つかむ」「与えてもらう」ものではなく、「気付く」もの。幸せを外に求める必要はない。

今あなたが持っているもの、備わっている環境の中に、すでにある小さな幸せに気付ける人になろう！

WORK

今日、「幸せだな」と感じたことは何ですか？
3つ書き出してください。

1.
2.
3.

23　悩みではなく学び

悩みは、決して悪いものではなく、大切な気付きを与えてくれる。
悩めば悩むほど学ぶことが増え、成長できるよ！

WORK

今日、「幸せだな」と感じたことは何ですか？
3つ書き出してください。

1.
2.
3.

24　言動を一致させる

行動が伴わない言葉に価値はない。言葉と共に、どう行動したか？

その行動でどんな経験を積んだのか？

常にそう自問することが大切。

「言っていること」と「やっていること」が一致している人、つまり「言動が一致している」人になろう！

WORK

今日、「幸せだな」と感じたことは何ですか？

3つ書き出してください。

1.
2.
3.

25 小さく纏まる

大きなことを目指すより、小さくてもいいから形にする。まずは小さく纏まってみよう。

そこから、少しずつ大きくしていけばいい！

WORK

今日、「幸せだな」と感じたことは何ですか？
3つ書き出してください。

1.
2.
3.

26 夢を叶える「かきくけこ」

夢を叶えるために効果的な方法は、「かきくけこ」。

か → 書く　　　き → 期限を決める　　　く → 口に出す
け → 計画を練る　　　こ → 行動する

この順番でやってみよう！

WORK

今日、「幸せだな」と感じたことは何ですか？
3つ書き出してください。

1.
2.
3.

27　悟る

「悟り」とは「差取り」。他人との差を取ること。
苦しみは人と比べることで生まれる。だから、人と比べる必要はない。
「差」ではなく「違い」を受け入れ、自分の幸せに集中しよう！

WORK

今日、「幸せだな」と感じたことは何ですか？
3つ書き出してください。

1.
2.
3.

28　がんばる方向を定める

実現スピードが遅いときは、壁に当たっていたり、方向が間違っているのかも。

がんばる方向を間違うと疲れてしまうから、その都度細かく方向を修正することが必要。

正しい方向が見つかれば、あとは全力で突っ走ろう！

WORK

今日、「幸せだな」と感じたことは何ですか？

3つ書き出してください。

1.
2.
3.

29 背中を見せる

いつも『幸せになる』『楽しむ』を全力でやる。

すると、その姿が背中に表れ、子どもはその背中を見て育つようになる。

子どもたちが「大人って楽しそう！」「早く大人になりたい！」と、大人になることが楽しみになるよう、まず大人が輝こう！

WORK

今日、「幸せだな」と感じたことは何ですか？

3つ書き出してください。

1.
2.
3.

30　不満は感謝不足

不満があるときは、人や物事に対する感謝が足りていないときだと気付こう。つらいときこそ、感謝しよう。

そして、小さな幸せに気付こう！

WORK

今日、「幸せだな」と感じたことは何ですか？
3つ書き出してください。

1.
2.
3.

31　プラスの我慢を選ぶ

人生には、どこかに必ず我慢がある。
「どの我慢を選択するか？」が、とても大切。
どうせ我慢するなら、我慢の先に成長がある我慢を選ぼう！

WORK

今日、「幸せだな」と感じたことは何ですか？
3つ書き出してください。

1.
2.
3.

32 乗り越えたから今がある

今までいくつもの困難があったはず。
その困難を乗り越えてきたから、今がある。だから、今回も乗り越えられる。
きっと、何とかなる！

WORK

今日、「幸せだな」と感じたことは何ですか？
3つ書き出してください。

1.
2.
3.

33　壊さない努力

壊れるのは一瞬、でも回復させるには何十倍も何百倍もの時間が必要。

体の傷も心の傷も、人間関係も、一瞬で壊れるが、修復するには時間がかかる。修復できないこともある。

だから、いつも大切に扱い、壊さないよう努力しよう！

WORK

今日、「幸せだな」と感じたことは何ですか？

3つ書き出してください。

1.
2.
3.

34　小さな幸せに気付く

10分が走れない人は、1時間も走れない。

それと同じで、小さな幸せに気付けない人は、大きな幸せにも気付けない。まずは日常の小さな幸せに気付けるようになろう！

WORK

今日、「幸せだな」と感じたことは何ですか？
3つ書き出してください。

1.

2.

3.

35 自分を信じる

自信なんて持とうとして持てるものではない。
「自信」とは「自分を信じる力」のこと。
自分のことを信じるために、自分にウソをつかない生き方をしよう！

WORK

今日、「幸せだな」と感じたことは何ですか？
3つ書き出してください。

1.
2.
3.

36　依存しない

依存が苦しみを生む。

どこにも誰にも依存しない生き方を意識し、自分で考え自分の行動に責任を持つ。自分の人生は自分で創っていこう！

WORK

今日、「幸せだな」と感じたことは何ですか？
3つ書き出してください。

1.
2.
3.

37 あなたはあなた

何者かになろうとしている間は、いつまで経っても満たされない。
自分の名前、家族、生き方、これまでの自分の人生を受け入れ愛することがスタート。
自分が自分を愛すると、人からも愛されるようになるよ！

WORK

今日、「幸せだな」と感じたことは何ですか？
3つ書き出してください。

1.
2.
3.

38

お金自体に価値はない

お金は、ただの紙切れ。

お金は「楽しい」「幸せ」「経験」などに交換して初めて意味を持つ。若い頃は使い方を学ぶためにたくさん使ってもいい。

いろんな経験をして、自分や家族の楽しみを見つけること。

お金を上手に使って楽しいことを続けていけば、豊かな人生になるよ！

WORK

今日、「幸せだな」と感じたことは何ですか？

3つ書き出してください。

1.
2.
3.

39 「楽しい」で選ぶ

迷ったときは、お金や時間で選ぶのではなく「楽しい」「好き」で選ぶこと。
これを繰り返すと、好きな物や人に囲まれ、幸せな生活が送れるようになるよ！

WORK

今日、「幸せだな」と感じたことは何ですか？
3つ書き出してください。

1.
2.
3.

40　今は過程

現在の自分は、まだ理想の姿とは言えないかもしれない。今は理想に向かう過程だから、焦らないで。

あきらめずに、少しずつ目標に向かって前進し続けよう！

WORK

今日、「幸せだな」と感じたことは何ですか？
3つ書き出してください。

1.
2.
3.

41　唯一無二の存在

自信がないと他人の自信（ブランド）に頼ろうとする。あなたは唯一無二の存在。
自分を信じプロデュースして、あなたがブランドになろう！

WORK

今日、「幸せだな」と感じたことは何ですか？
3つ書き出してください。

1.
2.
3.

42 引き算をする

減らしていくことで手に入る幸せもある。

人は傷つきやすいので、好きなことや好きな人を増やすより、まずは嫌なことや嫌な人が少ない環境を作ることを優先しよう！

WORK

今日、「幸せだな」と感じたことは何ですか？3つ書き出してください。

1.

2.

3.

43　性格は変えられる

個性は持って生まれたものだが、性格はインストールされたもの。だから書き換えられるよ。

自分の嫌いなところは、アンインストールしよう。

そして、理想の自分に必要なことは、どんどん再インストールしよう！

WORK

今日、「幸せだな」と感じたことは何ですか？
3つ書き出してください。

1.

2.

3.

44 凹凸を埋め合う

あなたの苦手は誰かの得意かもしれない。

苦手なことに足止めされているから、無理をしたり我慢が出たりする。素直に苦手を認めればいい。

そうすれば、あなたの苦手なところを得意とする人が現れ、協力してくれる。人生を豊かに楽しむために、みんなで協力し合おう！

WORK

今日、「幸せだな」と感じたことは何ですか？
3つ書き出してください。

1.
2.
3.

45　いつでも楽しめる人になる

アウトドア（山登り・キャンプなど）とインドア（映画鑑賞・読書など）、それぞれの趣味を作り、天気や環境を気にせず、ずっと楽しめる人になろう！

WORK

今日、「幸せだな」と感じたことは何ですか？
3つ書き出してください。

1.
2.
3.

46 若さを追いかけない

今の年齢を思いきり楽しもう。
今が楽しくないと、歳を重ねることが怖くなる。
今を楽しみ、未来をさらに楽しみなものにしよう！

WORK

今日、「幸せだな」と感じたことは何ですか？
3つ書き出してください。

1.
2.
3.

47　考え方は無数

予定が無いことを「暇」と取るか？
それとも「のんびりできる」と取るか？事実は一つでも考え方は無数にある。

幸せになる方向に考える癖をつけよう！

WORK

今日、「幸せだな」と感じたことは何ですか？
3つ書き出してください。

1.
2.
3.

48　自分にできることをする

自分でコントロールできることと、自分ではできないことがある。
自分でできることに絞って時間を使い、できないことにムダな時間を使うのはやめよう！

WORK

今日、「幸せだな」と感じたことは何ですか？
3つ書き出してください。

1.
2.
3.

49　その場で咲け

場所を変えてばかりでは、花が咲かない。つまり、逃げてばかりでは結果は出ない。
今の場所でどうやって花を咲かせるか？
今の環境でどうやって想いを叶えるか？

それを考えよう！

WORK

今日、「幸せだな」と感じたことは何ですか？
3つ書き出してください。

1.
2.
3.

50　後悔の少ない方を選ぶ

行動し失敗した後悔は、時間と共に小さくなるが、行動しなかった後悔は、時間と共に大きくなる。

できるだけ行動して、後悔の少ない人生を送ろう！

WORK

今日、「幸せだな」と感じたことは何ですか？
3つ書き出してください。

1.

2.

3.

51 自分を生きよう

あなたはあなたの人生を生きることでしか幸せになれない。学ぶ姿勢を持つことは大切。

でも、人を真似てばかりいても、本当の幸せは得られない。

あなたとその人は違う人だから、過去も今も幸せの形も全て違う。

あなたは、あなたなりの人生を生き幸せになろう！

WORK

今日、「幸せだな」と感じたことは何ですか？

3つ書き出してください。

1.
2.
3.

52 必要とされる人たちに出逢う

ナンバーワンにも、オンリーワンにもならなくていい。
今のあなたを必要とする人たちがいるから、その人たちと出逢っていこう！

WORK

今日、「幸せだな」と感じたことは何ですか？
3つ書き出してください。

1.
2.
3.

53　籠から出よう

籠の中の鳥は守られるけれど、守ってくれる人がいなくなると死んでしまう。外に出ると、敵に遭遇するかもしれないけれど、自由になれる。

どっちが安全だろう？　どっちが楽しいだろう？

あなたの幸せに近付く方を選ぼう！

WORK

今日、「幸せだな」と感じたことは何ですか？
3つ書き出してください。

1.
2.
3.

54　目的のある目標を立てよう

目的のない行動は、終わりが無く身を滅ぼすことになる。目的を持ち、目標を立てて行動すること。

その目標が叶えば、一度休憩を取り自分を褒めてあげよう。そしてまた、新しい目標に向かって行動しよう！

WORK

今日、「幸せだな」と感じたことは何ですか？
3つ書き出してください。

1.
2.
3.

55 隠すから狙われる

「隠す」は、疲れる。
その弱った心が狙われる。
堂々としていれば、相手は怯む。
ウソをつかず、隠さず、ゆったり構え、堂々と生きていればいい！

WORK

今日、「幸せだな」と感じたことは何ですか？
3つ書き出してください。

1.
2.
3.

56 失敗は恥ずかしくない

恥ずべきは、失敗した人ではなく、挑戦しない人。

今あなたができることは、最初からできたわけじゃなく、あなたががんばった結果。できないことがあっても、必要だと思うなら、またがんばってみよう！

WORK

今日、「幸せだな」と感じたことは何ですか？
3つ書き出してください。

1.
2.
3.

57 普段は緩んでおこう

張りっぱなしだと切れる。緩むから張れる。
がんばりたいときに力が出せる。
いざというときのために、普段は、ゆったりと緩んでおこう！

WORK

今日、「幸せだな」と感じたことは何ですか？
3つ書き出してください。

1.
2.
3.

58 心を休ませる

選択が多いと心が疲れ、楽しい発想ができなくなってしまう。ゆったりと過ごせる時間を作り、心を休ませよう。

心が元気になると、どんどん楽しい発想が湧いてくるよ！

WORK

今日、「幸せだな」と感じたことは何ですか？
3つ書き出してください。

1.

2.

3.

59　必要とされる幸せ

一流になる必要はない。二流でも三流でもいい。

「あなたにお願いしたい」と、自分を必要としてくれる人たちの期待を上回る仕事をしよう！

WORK

今日、「幸せだな」と感じたことは何ですか？
3つ書き出してください。

1.
2.
3.

60　比べるのは過去の自分

人と比べるのではなく、過去の自分と比べよう。ゆっくりと振り返る時間を作り、今の環境が良ければ、周りの人たちに感謝しよう。そして、今の環境が悪ければ、自分の行動を改めよう。

これを繰り返し、豊かな人生にしていこう！

WORK

今日、「幸せだな」と感じたことは何ですか？
3つ書き出してください。

1.
2.
3.

61　体を大切にしよう

体と心はつながっていて、体が痛むと心も痛む。
そして、心が痛むと体も痛む。
心より体の方が整えやすいから、体の声を聞いてあげよう！

WORK

今日、「幸せだな」と感じたことは何ですか？
3つ書き出してください。

1.
2.
3.

62　人生は短い

人生はあっという間に過ぎていく。しかも明日が来るとは限らない。短く不確かだからこそ、今の時間を大切に使おう。今できることは今やって、後悔の残らない時間の使い方をしよう！

WORK

今日、「幸せだな」と感じたことは何ですか？3つ書き出してください。

1.

2.

3.

63　人は変えられない

人を変えようと思わないこと。

でも、自分が変わると相手の反応が変わることはよくある。だから、まずは自分が変わる。

一番コントロールしやすい自分が変わってみよう！

WORK

今日、「幸せだな」と感じたことは何ですか？

3つ書き出してください。

1.
2.
3.

64　実績を作る

プライドや想いは大切だけど、それだけでは信用されない。
SNSなど自己評価しやすい時代だからこそ、他者評価も大切。
独りよがりなかっこわるい人より、自他共に認めるかっこいいい人を目指そう！

WORK

今日、「幸せだな」と感じたことは何ですか？
3つ書き出してください。

1.
2.
3.

65 新しいものを受け入れよう

知らないことや知らないものは怖いかもしれないけど、新しいものや価値観の違うものを否定すると、どんどん生きづらくなる。

だから否定ではなく、まず受け入れてみよう！

WORK

今日、「幸せだな」と感じたことは何ですか？
3つ書き出してください。

1.
2.
3.

66　許して楽になろう

自分もミスをするから相手のミスも許そう。怒りは心をすり減らす。
自分のために相手を許そう。怒りを手放し楽しみを探そう！

WORK

今日、「幸せだな」と感じたことは何ですか？
3つ書き出してください。

1.
2.
3.

67　人生を楽に生きる

楽しいことを増やすより、嫌なことを減らす方が人生は楽に生きられる。

ストレスがかかった状態で生きるのはつらいし、そんな状態で楽しいことをしてもきっと楽しめない。

嫌なことを手放しどんどん楽になろう！

WORK

今日、「幸せだな」と感じたことは何ですか？

3つ書き出してください。

1.
2.
3.

68　心が亡くなる

「忙しい人」は、心が亡くなっていき、作業をこなすだけのロボットになる。

丁寧な食事、体のメンテナンス、スキンシップ、癒しなど「時間がない」せいで省いていることの中に、大切なことが隠れている。

一度立ち止まって、時間がない原因を探そう！

WORK

今日、「幸せだな」と感じたことは何ですか？

3つ書き出してください。

1.
2.
3.

69　道は作ればいい

歩き続けていれば、それがいつか道になる。
今ある道は、誰かがそうやって作ってくれた道だから。
あなたが先頭に立って、あなたが道を作ってもいいんだよ！

WORK

今日、「幸せだな」と感じたことは何ですか？
3つ書き出してください。

1.
2.
3.

70　変わるのは一瞬

人生を変えるタイミングは自分で決めていい。先延ばしにしてもいいし、今日でもいい。

あなたが変わる日を決めよう！

決めれば行動が変わってくるよ！

WORK

今日、「幸せだな」と感じたことは何ですか？

3つ書き出してください。

1.
2.
3.

71　苦手に挑戦する

嫌いなことからは逃げてもいいが、苦手なことには挑戦してみてもいい。苦手なことを克服すると、得意なこと以上に大きな成長ができるよ！

WORK

今日、「幸せだな」と感じたことは何ですか？
3つ書き出してください。

1.
2.
3.

72　自分の応援

「応援するから応援される」

とても大切な考え方だけど、自分が応援される準備ができていないと、応援してもらえない。だから、まずは自分のことに集中しよう！

WORK

今日、「幸せだな」と感じたことは何ですか？
3つ書き出してください。

1.

2.

3.

73 共依存に注意

１人が寂しいから仲間を探すなど、不安からの行動は共依存に陥りやすいので注意すること。お互いが自立を邪魔し合う関係になる。

あなたの自立を応援してくれる仲間を探そう！

WORK

今日、「幸せだな」と感じたことは何ですか？
３つ書き出してください。

1.
2.
3.

74　アウトプットが大切

「それ知ってる！　やってないけど……」インプットばかりの「ノウハウコレクター」は、薄っぺらく、面倒くさいだけの存在になる。

インプットは、アウトプットしてはじめて意味を持つ。あなたの知識をどんどん周りの人に伝えていこう！

WORK

今日、「幸せだな」と感じたことは何ですか？
3つ書き出してください。

1.
2.
3.

75 誰かになろうとしない

先祖を10代遡ると1万2249人。

誰一人欠けても今の自分はいない。

その先祖たちから頂いた命、名前を大切に生きていく。

何かを演じなくてもいいし、誰かになろうとしなくてもいい。自分をありのままに愛して生きていこう！

WORK

今日、「幸せだな」と感じたことは何ですか？

3つ書き出してください。

1.
2.
3.

76　流されない

流行りはいつか廃る。

新しいものを追いかけ続けると疲れてしまう。

自分の好きなものや好きなことを大切にし、『自分軸』を持ち、人に左右されない生き方をしよう！

WORK

今日、「幸せだな」と感じたことは何ですか？

3つ書き出してください。

1.
2.
3.

77　小さな目標を達成する

夢や目標を小さく叶えると自信になり、次の夢や目標が見つかるようになる。まずは、小さく叶えること。

この達成を繰り返すだけ。

振り返ると、叶えた夢がたくさん積み上がっている。そんな素敵な人生にしよう！

WORK

今日、「幸せだな」と感じたことは何ですか？

3つ書き出してください。

1.
2.
3.

78　目的を見失わないように

お金があれば幸せになれるわけじゃない。お金は幸せになるためのただのツール。
目的はお金を稼ぐことじゃなく、幸せになることだよ！

WORK

今日、「幸せだな」と感じたことは何ですか？
3つ書き出してください。

1.
2.
3.

79　「好き」の探し方

本当に好きなことは、お金を払ってでもしたいこと。その好きなことのために仕事をして、お金を使おう！

WORK

今日、「幸せだな」と感じたことは何ですか？
3つ書き出してください。

1.
2.
3.

80　つらい過去が人生を輝かせる

「戻りたくない……」そう思うようなつらい過去も、人生を輝かせる重要な要素。つらい過去のおかげで、今ある幸せをより実感できるんだよ！

WORK

今日、「幸せだな」と感じたことは何ですか？
3つ書き出してください。

1.
2.
3.

81　逆に考える

物事を逆に考えてみると見つかる答えがある。お金があるから幸せになるのではない。幸せだからお金ができるんだよ。だから幸せになろう！

WORK

今日、「幸せだな」と感じたことは何ですか？
3つ書き出してください。

1.

2.

3.

82　選択できる幸せ

人生は自分で決めるから楽しい。
人生の選択を人に託すのはもったいない。自分で決めることを楽しもう！

WORK

今日、「幸せだな」と感じたことは何ですか？
3つ書き出してください。

1.
2.
3.

83　整理整頓

心（気持ち）・思考・自宅・仕事場などの整理整頓をしよう。完璧にできなくてもいい、人に手伝ってもらってもいいから、整える習慣をつけよう。毎日気持ちいい暮らしをしよう！

WORK

今日、「幸せだな」と感じたことは何ですか？
3つ書き出してください。

1.
2.
3.

84 成功者より成幸者

功を成すことも大切だけど、一番大切なのは幸せ者に成ること。自分の幸せがみんなの幸せにつながり、結果が功績に結びつく。そんな生き方を目指そう！

WORK

今日、「幸せだな」と感じたことは何ですか？
3つ書き出してください。

1.
2.
3.

85　得るより残す

人生は、得ることより、与えること・残すことに価値がある。
人生において得ることも大切だけど、得ただけで満足してはいけない。その得たものをたくさんの人に伝え残していこう！

WORK

今日、「幸せだな」と感じたことは何ですか？
3つ書き出してください。

1.
2.
3.

86　人は慣れる

人は、いいことにも悪いことにも慣れてしまう。慣れは「無意識」につながり、感謝を忘れる。

いいことに慣れると感謝を忘れ、悪いことに慣れると心と体を傷つける。

「当たり前はない」と自分に言い聞かせて、常に感謝を忘れず行動しよう！

WORK

今日、「幸せだな」と感じたことは何ですか？
3つ書き出してください。

1.
2.
3.

87　知識より感性を磨く

ノウハウばかりで頭でっかちにならないように。感性を磨き、自分の心がときめく選択をしよう！

WORK

今日、「幸せだな」と感じたことは何ですか？ 3つ書き出してください。

1.

2.

3.

88　叶える

願いごとや目標は人に話そう。

叶えたいことをたくさん人に話すことで、応援してくれる人が増え、行動しないといけなくなる。その行動がいつか達成につながる。

自分の夢や目標はどんどん口に出そう！

WORK

今日、「幸せだな」と感じたことは何ですか？

3つ書き出してください。

1.
2.
3.

89　無理のない範囲で成長する

大きな目標を立ててつらくなるなら、無理のない範囲で小さく成長し続けよう！

WORK

今日、「幸せだな」と感じたことは何ですか？
3つ書き出してください。

1.
2.
3.

90　根本的な解決をする

痛みや悩みなどは、対処療法に頼らず、原因を探そう。目の前の苦痛ばかりに囚われてはいけない。

結果には原因が必ずある。

原因にアプローチしないと、いつまでも繰り返してしまう。逃げるのではなく、向き合える人になろう！

WORK

今日、「幸せだな」と感じたことは何ですか？
3つ書き出してください。

1.
2.
3.

91 「変わりたい」と願うなら

自分を変えたいなら、今までやらなかったことをやること。

一気に大きく変わりたかったら、あなたがタブーだと思っていることをやってみよう。あなたの価値観が大きく変わるよ！

WORK

今日、「幸せだな」と感じたことは何ですか？3つ書き出してください。

1.

2.

3.

92　親孝行をする

最高の親孝行は、笑顔で生きること。

先祖や親の願うことは、偉くなることやお金持ちになることではない。ただ「幸せに暮らしてほしい」、それだけ。

その想いに応える生き方をしよう！

WORK

今日、「幸せだな」と感じたことは何ですか？

3つ書き出してください。

1.
2.
3.

93 複雑にするのは自分だと知る

どんな悩みも複雑にしているのは自分だということを知る。原因を見過ごし、放置するからややこしくなる。

トラブルは、小さなうちに対処する癖をつけよう！

WORK

今日、「幸せだな」と感じたことは何ですか？
3つ書き出してください。

1.
2.
3.

94　良いものに入れ替える

手放すことで新たなものや価値観を受け入れるチャンスが生まれる。自分が抱えられるスペースは限られている。

不要な物を手放し余白を創ろう！

WORK

今日、「幸せだな」と感じたことは何ですか？
3つ書き出してください。

1.

2.

3.

95　最短を狙わない

便利は、忙しいの裏返し。最短の方法や効率的な考え方は、結果を遠回りさせる。

携帯電話やパソコンなど便利なものができ、新幹線や飛行機など時間を効率よく使えるものが増えた。

なのに、人の自由な時間はどんどん減っている。最短や効率を求めても時間はできない。

時間は作るしかない。

WORK

**今日、「幸せだな」と感じたことは何ですか？

3つ書き出してください。**

1.
2.
3.

96　消費娯楽から抜け出す

短時間でストレス発散させるのは怖い。

時間がない生活が当たり前の日本では、短時間で済ませられる買い物などの消費を娯楽としている人が多い。

この快感が依存を生む。

時間を作ることを優先して、ストレスを減らし心が喜ぶお金の使い方をしよう！

WORK

今日、「幸せだな」と感じたことは何ですか？

3つ書き出してください。

1.
2.
3.

97　他人に期待をするな

期待するから疲れる。
その人にはその人の人生があり、あなたの理想を背負わさないであげてね。人に期待しないで、自分の人生は自分で創るという覚悟を持とう！

WORK

今日、「幸せだな」と感じたことは何ですか？
3つ書き出してください。

1.
2.
3.

98　自分が一番の限定品

唯一無二・限定・オリジナル……全てあなたを表す言葉。だから自分を一番大切にしよう。

そして、周りの人も同じ存在。

壊せば2度と創り出せない尊い存在。

もっと自分と周りの人たちを大切にしよう！

WORK

今日、「幸せだな」と感じたことは何ですか？

3つ書き出してください。

1.
2.
3.

99　全て正解

あなたにはあなたの、そして私には私の、それぞれに自分の思う正解（正義）がある。同じ場合もあれば違う場合もある。

無理に合わせる必要もないし、否定も要らない。違いを受け入れ価値観を広げていこう！

WORK

今日、「幸せだな」と感じたことは何ですか？
3つ書き出してください。

1.

2.

3.

100　個性を楽しむ

人と同じになる必要はない。

「この人はこんな考え方なんだ」といろんな人の価値観に触れ、人との違いを楽しむと、価値観が広がり全てが学びになる！

WORK

今日、「幸せだな」と感じたことは何ですか？
3つ書き出してください。

1.
2.
3.

101　幸せのハードルを下げる

明日生きている保証はない。

朝起きたときに「空気にありがとう」「家にありがとう」を言おう。いろんなことに感謝できると幸せのハードルが下がる。

幸せのハードルが下がると、毎日の暮らしが幸せで満ち溢れるよ！

WORK

今日、「幸せだな」と感じたことは何ですか？

3つ書き出してください。

1.
2.
3.

102

できないことに目を向けない

全てを自分で抱え込むから時間がなくなる。できないことは、それを得意とする人に頼もう。あなたはあなたが得意なことで輝こう！

WORK

今日、「幸せだな」と感じたことは何ですか？
3つ書き出してください。

1.
2.
3.

103 夢や目標がない

夢や目標がないのは、これまで自分の気持ちや感情を抑え込んできたから。小さなことでいい、今からでも自分の気持ちに正直になろう。
自分の気持ちに応えてあげると、少しずつ閉じていた心が開いてくるよ！

WORK

今日、「幸せだな」と感じたことは何ですか？
3つ書き出してください。

1.
2.
3.

104 経験が財産

美しさや強さは、歳を重ねると必ず衰える。そこで争っても疲れるだけ。

歳を重ねることは、経験を重ねること。

これまでの人生で楽しかったことや悲しかったことを乗り越えた経験にこそ、価値がある。

それを伝えられる人になろう！

WORK

今日、「幸せだな」と感じたことは何ですか？

3つ書き出してください。

1.
2.
3.

105 時間の先取り

休みや楽しいことは先に決めておく。

「時間ができたら」「お金ができたら」と言っているうちに一生が終わる。時間もお金も余裕なんてできないから、先取りして楽しもう！

WORK

今日、「幸せだな」と感じたことは何ですか？
3つ書き出してください。

1.

2.

3.

106 夢もランクアップさせよう

夢や目標は、大きいものと小さいものを用意しておく。
小さいものは小さければ小さいほどよくて、叶えたら次の目標を作る。
この小さな達成を繰り返すと自信が積み重なり、大きな夢や目標が近付いてくるよ！

WORK

今日、「幸せだな」と感じたことは何ですか？
3つ書き出してください。

1.
2.
3.

107　ゆっくり結果を出そう

結果を急ぐから間違った方にがんばってしまう。短期的に結果を求めるのは、ギャンブル（投機）。長期的に結果を求めるのが投資。

大切なのは自己投資。

焦らず、時間とお金が増える生き方をしよう！

WORK

今日、「幸せだな」と感じたことは何ですか？
3つ書き出してください。

1.
2.
3.

108 不便が脳を育てる

「便利」は脳を萎縮させ、「不便」は脳を活性化させる。

便利に慣れるとわがままになり、物事を考えなくなってしまう。

これ以上の便利を求めるのではなく、不便を楽しみ、自分で考え感謝できる人になろう！

WORK

今日、「幸せだな」と感じたことは何ですか？

3つ書き出してください。

1.
2.
3.

109　別れから学ぶ

別れから得ることは大きい。別れは必ず来るもの。
別れることを怖がらないで、一緒にいられる今を大切にしよう！

WORK

今日、「幸せだな」と感じたことは何ですか？
3つ書き出してください。

1.
2.
3.

110 今すべきことを優先する

選択の優先順位は「今しかできないこと」。後でできることは、後でもいい。
「今しかできないこと」に、どんどん挑戦して後悔の少ない人生にしよう！

WORK

今日、「幸せだな」と感じたことは何ですか？
3つ書き出してください。

1.
2.
3.

111
みんな中途半端

「完璧」な人なんていない。
みんな何か足りなかったり、欠点があったりする。完璧以外は、全部中途半端。
だから、みんな中途半端。
完璧を目指すより、その中途半端なままで、できることをすればいい！

WORK

今日、「幸せだな」と感じたことは何ですか？
3つ書き出してください。

1.
2.
3.

さいごに

111日間のワーク『幸せ日記』、お疲れ様でした！

ここまで毎日続けられたあなたは、今すぐそこにある幸せにハッキリと気付けていることでしょう。

そして、それを守るために大切なものが何かということにも、気付いているはずです。そう、幸せを感じる心と体が必要だということに……。

必死に働き心身に余裕のない状態では、なかなか幸せに気付きにくいでしょう。少しだけ工夫して、ゆったりと働き、楽しみながら生きることを、ぜひあなたにもしていただけたら幸いです。

ワークはこれで終わりではありません。もう一つ、あなたに大事なワークをお願いしたいと思います。それは、自分の書いた『幸せ日記』を時々読み返していただくこと。日頃見逃している小さな幸せに気付くと、心穏やかになれるばかりでなく、自分が今すでに心満たされているのだということに気付かされることと思います。

日本人は、お金の大切さを知っているのにお金の勉強をしない人が多く、幸せになりたいと思っているのに幸せについて学ぶ人は少ないように感じます。多くの人の願いは「幸せになること」だと思います。フリーランスという働き方やスローライフという生き方も幸せになるための手段です。

「自由」と「幸せ」は、自分で創り出すしかありません。フリーランスの方々は、「自由になりたい」という気持ちで大きな一歩を踏み出した人たちだと思います。一緒に「幸せな自由人」になりましょう！

最後になりましたが、この本を世に出すために尽力してくださったアメージング出版の千葉さんに感謝申し上げます。また、執筆に協力いただきましたライターの森本ふくみさん、イラストを描いてくださったぴーちゃんさんにも心から感謝しています。

この本を読んでくださった皆さんと皆さんのご家族、大切な方々が、心穏やかで幸せな人生を送られることを心から願っています。

山口克志（グッチ先生）プロフィール

1978年生まれ。京都府京都市出身、滋賀県草津市在住。

一般社団法人ポスチャーポジション「ポスポジ」協会代表理事。姿勢専門整体院スタジオラクト代表。頭痛の専門家。

カイロプラクティック、姿勢矯正法、リンパケア、中国整体、スポーツトレーナー、ヨガの6つの施術の知識と経験を活かした独自メソッド「PRM」（ポスチャー・リフォーム・メソッド）を用いた姿勢矯正法で頭痛緩和の施術を行う。滋賀県認定の講座「姿勢講座」の講師となり、現在、滋賀県内の 12 校の小学校と学童、経営者クラブ、学校保健安全協議会などで講座を開講。

（メディア出演）

2018年、BBCテレビ（びわ湖放送）「勇さんのびわ湖カンパニー」に「体のマイスター」として1年間出演。その他、KBS京都の番組、ラジオ、姿勢講座・姿勢の専門家として新聞掲載4回（京都新聞社3回、読売新聞）。

キャンプ場作りがキャンプ雑誌、京都新聞に掲載。『素敵なオトナ図鑑』の出版により、BBCテレビ（びわ湖放送）「金曜オモロしが」に出演。京都新聞、読売新聞、毎日新聞、中日新聞、大阪日日新聞に掲載。

2019年、書籍「シセイトリセツ」をアメージング出版より出版。2023年、書籍「頭痛は寝て治す」をつむぎ書房より出版。

11 月4日『いい姿勢の日』と制定。

半分だけはたらく

2023年11月30日　初版発行

著者　山口克志
校正　森こと美
発行者　千葉慎也
発行所　合同会社 AmazingAdventure（アメージング出版）
（東京本社）東京都中央区日本橋3−2−14
新槇町ビル別館第一 2階
（発行所）　三重県四日市市あかつき台1−2−208
電話 050−3575−2199
E-mail info@amazing-adventure.net
http://www.amazing-adventure.net/
発売元　星雲社（共同出版社・流通責任出版社）
〒112-0005 東京都文京区水道1-3-30
電話 03-3868-3275
印刷・製本　ニシダ印刷

ISBN978−4−434-33199−2 C0095